MINHA BOLA,
MINHA VIDA

NILTON SANTOS

MINHA BOLA, MINHA VIDA

GRYPHUS

Editoração Eletrônica
Rejane Megale Figueiredo

Revisão
Lara Alves

Capa
Axel Sande – axel@gabinetedeartes.com.br

Adequado ao novo acordo ortográfico da língua portuguesa
CIP-BRASIL. CATALOGAÇÃO-NA-FONTE
SINDICATO NACIONAL DOS EDITORES DE LIVROS, RJ

S236m
2. ed.

Santos, Nilton, 1925-2013
Minha bola, minha vida / Nilton Santos. - 2. ed. - Rio de Janeiro: Gryphus, 2014.

268 p. : il. ; 21 cm.
fotos
ISBN 978-85-8311-018-7

1. Santos, Nilton, 1925-2013. 2. Jogadores de futebol - Brasil - Biografia. I. Título..

14-11090 CDD: 927.96334
CDU: 929:796.332

GRYPHUS EDITORA
Rua Major Rubens Vaz, 456 – Gávea – 22470-070
Rio de Janeiro – RJ – Tel: (0XX21) 2533-2508
www.gryphus.com.br– e-mail: gryphus@gryphus.com.br

À Maria Coeli, minha mulher,
que me recuperou a memória.

A Lalu, que é a lembrança dos meus ancestrais.
Aos meus filhos Carlos Eduardo e Andréa.

À minha neta Hanna.

In memoriam
Ao meu compadre e amigo Garrincha,
que me deu duas Copas.

Ao meu amigo Sandro Moreyra.

Meus agradecimentos a todos os que me incentivaram ou ajudaram a escrever este livro:

À Maria Coeli, minha mulher.
Ao Jorge Martins, meu irmão.
Ao Guilherme Zincone, que confiou em mim.
Ao Carlos Eduardo Pereira e seus pais: Hugo (in memoriam) *e Glória.*
Ao meu querido amigo Armando Nogueira.
Ao Pelé, o menino companheiro de duas Copas.
Ao Tomás Soares da Silva, Mestre Ziza.
Ao Bellini, meu amigo e grande capitão.
Ao Gérson Nunes, meu amigo canhotinha.
Ao Vavá, o Leão da Copa.
À Léa e à Sandra Moreyra, ex-mulher e filha do meu saudoso amigo, Sandro Moreyra.
Aos meus amigos de Flexeiras.
Ao Antonio Roberto Arruda, de O Globo.
À Graça Adjuto (Dadá) minha primeira revisora, e ao José Luiz.
Ao Célio e à Sandra da Cunha.
Ao David e ao Guilherme Pereira.
Ao Dr. Altamiro de Oliveira Rocha (Tatá) e à Maria José.
Ao Geraldo e à Malu Moraes.
Ao Maurício Villela, do arquivo de O Globo.
Ao Cláudio Duarte, de O Globo.
Ao Luiz Roberto Porto, do Jornal dos Sports.
Ao Francisco Moreira Machado, do arquivo do Jornal dos Sports.
Ao Wilson Figueiredo, do Jornal do Brasil.
Ao Ricardo Linhares, do Lance.
Ao Eduardo Santos, botafoguense, jornalista e historiador.
Ao Iuri Scardua Rodrigues da revista ENTRE.

Ao Flávio Alves Cardoso.

Ao Rui Donizete Teixeira.

Ao Décio Esteves.

À Maria Madalena Pinto Velloso, do Botafogo de Futebol e Regatas.

Ao Luiz Felipe Carneiro de Miranda.

Ao Fernando Sá e ao Juliano Werneck, de "A 4 Mãos".

À equipe de pesquisa do Departamento de Seleções da CBF.

À Luciana Andrade de Albuquerque Queiroz.

Ao Flávio Henrique de Albuquerque.

SUMÁRIO

PREFÁCIO PARA NILTON SANTOS

O futebol de Nilton Santos tinha de acabar consagrado em livro. Não fosse ele a "enciclopédia do futebol", assim chamado justamente, pela dimensão fulgurante de seu talento. Desde Domingos da Guia, que jogava com a altivez das estátuas, o mundo não via um zagueiro tão perfeito como Nilton Santos. Era um jogador de exceção. Tinha o dom de aveludar a bola quase sempre áspera que ronda uma pequena área. Dominava, como ninguém, tanto a arte de fazer como de evitar um gol. Antes dele, nenhum zagueiro ousara ir à frente, com galas de atacante. Pois ele cometia essa doce imprudência com a espontaneidade dos gênios da bola.

Nilton Santos nasceu atacante. Jogava de ponta-esquerda nas peladas da Ilha do Governador. Um dia, desembarca de um ônibus na porta do Botafogo, com um par de chuteiras velhas embrulhadas numa folha de jornal dormido. É apresentado a Carlito Rocha, um místico do futebol cuja alma botafoguense oscilava entre a fé católica e o fervor de uma boa macumba. Depois de breve diálogo, o bruxo alvinegro decretou que Nilton Santos seria zagueiro, e não ponta-esquerda. E deitou profecia: "Na defesa, você será campeão carioca, será campeão brasileiro e campeão do mundo".

Palpite, premonição, seja lá o que for, Carlito Rocha viveria ainda o bastante para ver integralmente cumprido o destino do ilustre personagem. Essa curiosa história abre o capítulo "General Severiano", o segundo do livro *Minha Bola, Minha Vida,* em que mestre Nilton repassa a sua vida, numa linguagem simples e transparente como o seu imenso futebol. Ler este livro é um reencontro com a figura lendária da saga botafoguense. É reviver, de pleno coração, a epopeia do bicampeonato do mundo que libertou a alma do futebol brasileiro.

Escrever o prefácio deste livro é apenas a extensão de um privilégio que a vida me concedeu. Nilton Santos foi meu segundo ídolo do futebol botafoguense. Antes dele, minha fantasia me projetava na figura épica de Heleno de Freitas. Com o tempo, tornei-me jornalista. Já não podia mais viver o deslumbramento de simples torcedor. Graças a uma rígida formação ética, passei a ver Nilton Santos não mais com o olhar arrebatado do fã, mas com a visão contida do crítico. E, aí, então, pude perceber a expressão enciclopédia do seu futebol. Nilton exercia, com perfeição, todas as artes do jogo. Driblava bem, passava melhor ainda. Jamais foi traído pelo "quique" de uma bola. Herdeiro de Domingos da Guia, ele anestesiava o atacante antes de tomar-lhe a bola, reverente, sempre.

Passaria à história como a fulgurante prefiguração de todos os laterais, hoje, alas, do futebol mundial. Seu segredo? Ele próprio me confessaria, minutos depois de sagrar-se bicampeão do mundo no Chile, em 1962:

"Sou amigo de infância de todas as bolas deste mundo."

ARMANDO NOGUEIRA

DEPOIMENTOS

"Nilton Santos, a 'enciclopédia' do futebol mundial, o mestre dos mestres dos jogadores, o artista do campo que carinhosamente chamo de tio desde a época em que jogamos juntos pelo Botafogo, e, orgulhosamente, lado a lado, pela Seleção Brasileira... Foi e ainda é grande amigo fiel, leal e incentivador de muitos craques... finalizando para todos o conjunto de informações que só ele sempre teve. Com certeza, este trabalho será, para todos nós que lemos, como um dicionário de recursos técnicos e de histórias das mais fantásticas, que só o tio as tem. Agradecendo por ter sido lembrado, cumprimento o mestre por esta demonstração de vida, pelo eterno espírito de luta e tenacidade na sua gloriosa empreitada."

O amigo de sempre, GÉRSON

"Nilton Santos foi um dos maiores laterais-esquerdos do mundo, senão o melhor. Além disso era um grande companheiro, brincalhão, gozador, que procurava descontrair a turma nos momentos difíceis. Ele possuía uma técnica tão refinada que foi cognominado 'a enciclopédia do futebol brasileiro'. Ter sido seu companheiro na Seleção e tê-lo hoje como grande amigo é muito gratificante para mim."

BELLINI

"Eu sempre me neguei a fazer uma Seleção Brasileira de todos os tempos. Mas se fizesse a Mundial, quatro jogadores brasileiros seriam titulares absolutos: Domingos da Guia, Nilton Santos, Pelé e Leônidas da Silva. Eles faziam as coisas de maneira tão fácil que pareciam estar ao alcance de qualquer um."

ZIZINHO

"Nilton Santos foi um jogador excepcional e escreve este livro para engrandecer mais o futebol brasileiro. Para os que o viram jogar ou estavam junto dele, é uma viagem no tempo. Para os mais jovens, ficam o relato e o exemplo. Ele conta histórias verídicas, muitas delas já contadas; algumas, por várias razões, omitidas ou vistas por outros ângulos; outras, relatadas somente agora, mas todas com a visão de jogador."

VAVÁ

O COMEÇO EM FLEXEIRAS

No dia 16 de maio de 1925, às 19 horas, eu nasci. O primeiro dos sete filhos do "seu" Pedro e da dona Josélia. Estrada de Flexeiras, n° 12, era o meu endereço. Uma casa pobre, sem luz e sem conforto, aliás, como todas as outras do lugar. Flexeiras era um bairro pobre da Ilha do Governador, no Rio de Janeiro. Hoje, deu lugar ao Aeroporto Internacional do Galeão.

Flexeiras era um lugar de gente humilde, mas muito amiga. Um lugar bonito, uma praia sem poluição. O mar ainda era de águas limpas com muitos peixes, camarões e siris, uma natureza privilegiada. Tinha uma pedra enorme, a "Pedra da Cruz" ou "Pedra dos Namorados", que ficava a uns 50 metros da praia. Íamos nadando até lá para ver a paisagem e também para namorar.

O bairro era muito arborizado, principalmente com árvores frutíferas: cajueiros, "grumixameiras"[1], jabuticabeiras, jaqueiras, mangueiras; tudo isso fazia de nosso bairro um verdadeiro paraíso para os que viviam ali, apesar de toda a pobreza. Fui uma criança pobre, mas sadia.

Tudo era festejado em Flexeiras. Tínhamos as festas religiosas, as quermesses, os bailes. No Domingo de Ramos havia uma festa muito bonita. Todos os barcos se perfilavam de ponta a ponta na praia, enfeitados de bandeirinhas e com lanternas que eram acesas à noite.

---

1 Árvore de fruto semelhante à amêndoa, casca lisa, polpa aquosa, sabor levemente ácido.

Como todas as crianças, eu também tinha os meus sonhos. Certo dia, um conhecido apareceu vendendo uma rifa de bicicleta, que correria na festa de São Sebastião. Com muito sacrifício, consegui o dinheiro e comprei uma por 10 mil réis. Tinha certeza de que a bicicleta já era minha, afinal, era tudo o que queria. Passei muitas noites em claro, pensando nela. Era a única chance real que eu tinha de realizar o meu sonho. Infelizmente, não fui eu o sortudo. Nesse dia, conheci o sentimento de frustração.

Do outro lado, tinha uma obra da natureza. Uma pedra em cima da outra, com um buraco no meio, e ali havia um poço de água doce, cristalina e gelada, que aproveitávamos para beber e cozinhar. Em cima tinha uma casa velha, de uma fazenda do tempo dos escravos, a "Casa Mal-Assombrada". A gente via os troncos, as correntes, os chicotes. Mais embaixo, havia uma cadeia que foi construída no tempo do império. Ali moravam o Bel, o Nono, o Luiz. Era uma construção belíssima, toda em pedra.

Meu pai era um dos vários pescadores do bairro. E nós fomos praticamente criados com peixe e frutos do mar. Talvez a saúde que tive e tenho até hoje seja graças à alimentação de quando era criança e adolescente.

Sempre tive muitos amigos. Gervásio, Feguinho, Peri, Vilson, Plínio, Sampaio, Cândido, Garzinho. Muitos já se foram. E o maior deles com quem ainda convivo até hoje talvez seja o Moacir: além de companheiro, é meu primo.

Estudava na Escola Alberto de Oliveira, onde fiz o primário. Minha mãe era a servente dessa escola. Minha primeira professora, lembro-me ainda, chamava-se Idalina. Dona Manuela era a diretora. Séria, carrancuda, como todas as diretoras da época. Qualquer coisa que fazíamos, era "reguada" na mão. A nossa sorte é que ela tinha um filho, o Alaor, e na hora da pelada descontávamos nele toda a raiva que sentíamos dela.

Eu sempre fui muito magro e esguio, mas saudável. Usava, costumeiramente, suspensórios largos de elástico, com muitos nós, por causa dos vários puxões que os meninos davam durante as peladas, tentando me parar. Camisas de mangas compridas, sempre sujas do suor das peladas.

Nunca tive nenhuma doença grave, a não ser as normais de todas as crianças. Dona Josélia, orientada pela minha avó Maria, fazia um fortificante pra gente: vinho moscatel com jurubeba. Enterrava durante 15 dias e depois nos dava para tomar às colheradas. Outra mania da minha mãe era achar que eu tinha "espinhela caída".[2] Ela me obrigava a usar "Emplastro Sabiá" no peito e a manter sempre meus braços cruzados. Esse hábito, dos braços cruzados no peito, até hoje mantenho.

A única pessoa que me fazia descruzar os braços era o Renato. Eu ia, todos os dias, jogar no bicho para minha avó e, quando eu passava, ele começava a me provocar e a fazer gozações. Até que eu não aguentava mais, descruzava os braços e aí o pau comia. Depois se tornou até um hábito. Nós brigávamos todos os dias. Quase sempre eu batia, por ser mais forte. E ele, acho que se acostumou a apanhar e não se cansava de me provocar.

Mas, o melhor de Flexeiras, além das amizades, eram as peladas. Nós jogávamos em qualquer lugar, até mesmo no meio da rua. Havia vários times, e alguns até com treinadores.

O meu gosto pela bola começou muito cedo. Eu sempre andava com uma bola nas mãos ou nos pés. Certa vez, eu tinha uns 10 anos, ganhei uma bola de bexiga e fui jogar com os outros no campo da capela. O meu grupo chegou e logo expulsou os maiores, mas um deles isolou[3] a bola no bambuzal e ela se tornou

2 Queda do apêndice cartilagíneo do externo.

3 Jogar a bola para longe.

oval. Muito contrariados, chefiados pelo Cândido e o Bininhinha, fizemos à noite uma reunião e resolvemos formar o nosso próprio time. Cada um deu um tostão e o Cândido foi à Penha comprar uma bola, uma câmara de ar, uma bomba e o "atacador"[4]. Enquanto ele buscava a bola, o resto do grupo se encarregou de pedir bambu para a vizinhança, para a construção das balizas. Toda semana tínhamos de refazê-las, pois as crianças passavam e as derrubavam.

"Fumo" foi o nome dado por nós ao time. Até hoje, não se sabe o porquê do nome. Era um time infantil, como tantos outros do lugar, mas éramos organizados, todos pagavam cinco tostões por mês para manter o time. Aos domingos era casa cheia, e as irmãs do Cândido pegavam água, limão, que era de graça, açúcar e faziam limonada para vender na beira do campo e arrecadar dinheiro para o time. O campo oficial do Fumo era o do fundo da casa do Cândido, de areia, com balizas de bambu. O campo era cercado de tangerineiras, e a bola sempre furava com os espinhos, era preciso remendá-la com "michelin"[5]. Éramos dirigidos pelo Cândido, meu primeiro treinador, que jogava também de goleiro. Eu jogava de ponta esquerda. A camisa do Fumo era vermelha e preta. A maioria dos jogadores era Flamengo.

Eu joguei futebol contra tudo e contra todos. Meu pai ficava me vigiando com uma vara de pitangueira, e quando eu estava treinando no Fumo, ele entrava me batendo e terminando com a festa. Minha mãe me chamava o tempo todo. Mandava comprar mantimentos na venda do "seu" Júlio, varrer em frente de casa, qualquer coisa para me impedir de jogar bola. Eles tinham muito medo que eu me machucasse, pois o lugar não tinha recurso nenhum.

4 Cadarço, cordão ou correia que serve para atar.

5 Um tipo de cola.

O Fumo era uma "escolinha", só não sabíamos que o nome era esse. A gente treinava e se aperfeiçoava com o Cândido e sonhava em integrar a equipe do Flexeiras. Esse era o grande sonho de todos os meninos do lugar. Mais tarde, o Fumo acabou exatamente por isso. Todo bom jogador era levado embora pelo Flexeiras — primeiro jogávamos no juvenil, depois, na equipe principal.

No Fumo não tinha treinamento individual. Só treinávamos em conjunto e pés descalços. O nosso individual era o remo. Todos nós éramos filhos de pescadores e, por sermos mais novos, remávamos para os mais velhos distâncias enormes. Com isso, estávamos preparados fisicamente.

Eu fui um dos meninos que realizaram o sonho de jogar no clube. E com um privilégio: jogava no juvenil e depois integrava também a equipe principal do Flexeiras Atlético Clube. Além da camisa oficial, jogávamos de chuteiras.

Sempre gostei de jogar no ataque. E tive o privilégio de atuar com grandes jogadores da época, que não chegaram a ser profissionais por falta de oportunidade, sorte, ou pelo fato de a Ilha ser um bairro muito afastado da cidade. O Leonídio, por exemplo, que por sinal era pai do Brito — o tricampeão —, foi para mim o inventor da "bicicleta"[6]. Quando, mais tarde, eu já jogava bola e via as pessoas comentando sobre o Leônidas da Silva, dizendo que ele era o inventor da bicicleta, eu ria sozinho. Sem querer desmerecê-lo, é claro, foi um excelente jogador, mas bicicleta eu me lembrava que já tinha visto o Leonídio fazer desde que eu era criança.

6 Jogada em que o jogador salta e chuta no ar, para trás, por cima da própria cabeça, como se estivesse pedalando uma bicicleta.

Alfredinho, popularmente chamado de Feguinho, Mário Sampaio e até o próprio Moacir são outros exemplos típicos disso: não chegaram a ser profissionais, mas jogavam demais.

Eu era titular da ponta esquerda desse time de feras, já com 14 anos de idade. Era o único menino a jogar no time de adultos. Mais tarde, passei a jogar de centro médio por insistência dos próprios jogadores do time. Achavam que eu tinha habilidade e o Leonídio gostava de jogar comigo. Eu preparava a jogada e cruzava para ele finalizar. Gostava mesmo era dos gols, até porque as meninas da torcida organizada eram muito animadas, pulavam e davam a chance de a gente ver as calcinhas delas. Comecei a me aperfeiçoar e acabei ficando famoso. Não era ainda o Nilton Santos, mas era "aquele jogador do Flexeiras" e, quando íamos jogar "fora", o campo já enchia para ver o tal jogador. O futebol, para nós, toda aquela garotada pobre de Flexeiras, era o maior divertimento.

Flexeiras tinha um timaço. Jogava contra os times da Ilha: Jequiá, Cocotá, e contra times dos subúrbios, e sempre ganhava.

Eu sempre adorei jogar futebol e esperava um ano inteiro para, no final do ano, no Natal, ganhar uma bola de borracha. Porque a do dia a dia era a bola de meia que eu e os outros fazíamos para as peladas. Promovíamos campeonatos de embaixadas e tentávamos jogar a bola de todas as maneiras possíveis e impossíveis para descobrir todos os seus segredos. Primeiro foi a bola de meia, depois a bola de borracha e, por último, a bola de couro. O ideal é que seja, primeiro descalço, depois de tênis e, por último, de chuteira.

Estudei também no Ginásio Anita Garibaldi, onde fiz até a terceira série. No tempo da guerra, fui obrigado a parar de estudar para trabalhar. Trabalhei na cantina do hangar dos americanos. Ganhava 800 mil réis para ser garçom, dinheiro que ajudava muito a minha mãe nas despesas da casa.

Em 1945, ainda morando na Ilha do Governador, fui servir à Aeronáutica. Como eu já sabia jogar bola, com o correr dos dias acabei sendo escolhido pelos oficiais para fazer parte do time deles. Privilégio apenas meu. Um mero soldado no time dos oficiais e sargentos. Nesse time, eu jogava de meia esquerda. Havia então — major na época, depois brigadeiro — Honório Magalhães, que era atacante e habilidoso e gostava de jogar comigo. Eu preparava as jogadas e ele fazia os gols. Por ter esse privilégio, eu era sempre invejado pelos colegas e por oficiais que não jogavam nada.

Ainda na Aeronáutica, um dia o Sargento Lara, que era torcedor do Fluminense e tinha um bom ambiente no clube, achando que eu jogava bem, me fez uma proposta: "se você for treinar no Fluminense, eu tiro a sua suspensão por ter faltado ontem. E, no nosso jogo, para cada passe que me der e eu fizer um gol, tem dois dias de folga". Eu, que raramente saía da Ilha, topei o desafio para ficar livre da punição. Nessa época, não havia ponte e o transporte que ligava a Ilha à Praça Quinze era a barca da Cantareira, que saía às cinco horas da manhã. Se a gente quisesse pegá-la, tinha de acordar às quatro horas.

Mas, resolvi ir ao Fluminense para o tal treino, mesmo duvidando um pouco de meus méritos. Quando lá cheguei, para começar, nem sabia como passar pela roleta, a impressão que tive foi de que era um clube muito elitista, sofisticado, ainda mais quando me deparei com o Ademir Menezes, o "Queixada", o Rodrigues, enfim, craques da seleção já consagrados na época. E aí recuei. Não tive coragem de entrar. Achei que não tinha talento suficiente para jogar com toda aquela turma. E voltei para a minha Ilha.

Mais tarde, quando já jogava no Botafogo, eu encontrava essa turma do Fluminense, contava essa história para eles e gozava dizendo: como vocês eram mascarados, hein? Mal sabia que meu destino já estava traçado e que eu viria a ser, independentemente da minha vontade, um jogador de futebol profissional. Aliás, a única coisa que soube fazer na minha vida toda foi jogar futebol. Hoje, tenho consciência disso.

Meses depois, houve um jogo-treino dos oficiais contra o time do São Cristóvão — de Neca, Nestor, Índio e outros mais. O treinador era o Arquimedes. Ganhamos de 5X2, e eu fiz dois gols. O Arquimedes, então, ficou impressionado comigo e queria que eu ficasse lá. Foi quando o major Honório não deixou. Disse que o São Cristóvão era um time pequeno e me aconselhou a ir para o Botafogo, onde ele tinha contato por influência de um tio, Bento Ribeiro, que era diretor social do clube. Além do mais, o Botafogo já era um time maior e eu teria oportunidade de começar por cima.

Em 1952, o bairro de Flexeiras acabou. O clube transferiu-se para Tubiacanga, onde funciona até hoje. O local onde é a sede atual era um armazém do Plínio, e ele doou ao clube. Muitos moradores vieram morar em Tubiacanga, outros foram para Itacolomi.

GENERAL SEVERIANO

Como disse antes, por intermédio do major Honório, fui fazer um teste no Botafogo. O treinador, na época, era o grande Zezé Moreira, e o presidente, o Carlito Rocha.

Como eu, havia outros rapazes para fazer o teste. O Botafogo vinha de uma derrota, estava sem muita moral. E, do alambrado, eu ouvi o Zezé falar com alguém que estava a seu lado: é só o time perder uma para aparecer um bando de "cabeças-de-bagre"[1] para treinar. No fundo, ele tinha razão. De todos, o único que ficou fui eu. Os outros — lembro-me, por exemplo, do Mato Grosso e do Amorim — como eu, tinham também os seus apadrinhamentos, mas não conseguiram ficar.

O treino começou. Logo, o Zezé chamou-me e colocou-me no lugar do Ávila. Na hora, não quis dizer que aquela não era minha posição. Mas, pensei bem e resolvi aproveitar a oportunidade. Treinei, dei uns dribles, fiz uns lançamentos, cheguei a chutar em gol. Para mim, fiz apenas o essencial. Ele me mandou voltar no dia seguinte. Voltei, treinei e fiquei morando no clube.

Da arquibancada, o lendário Carlito Rocha que, mais tarde, seria uma figura importantíssima na minha vida no Botafogo, assistia a tudo. Gostou de mim, do meu físico, e, conversando com

1 Jogadores de futebol medíocres.

o Zezé, resolveu que eu ia ficar no clube. Portanto, como presidente, veio conversar comigo:

— E aí, rapaz? Você não é o recomendado do Bento Ribeiro?

— Sou sim, senhor.

— Qual é a posição que você joga?

— De atacante.

— Você joga com a cabeça?

— O que é jogar com a cabeça, é pensar ou cabecear?

— É cabecear, disse ele. — Pula aí que eu quero ver.

Eu pulei.

— Pula de novo.

Repeti o salto.

— Não, você tem físico de defesa. E é lá que você vai jogar.

No dia seguinte, fui colocado por ele na lateral direita. Quando o treino acabou, o "seu" Carlito me chamou e disse:

— Esqueça o ataque, rapaz, na defesa você será campeão carioca, brasileiro, sul-americano e mundial.

Na hora, achei um certo exagero dele ou, quem sabe, estava só querendo me incentivar. Mas, não sei se o homem era profeta ou coisa parecida. Só sei que ele acertou em cheio.

Daquele dia em diante, passei a morar no clube. Havia um alojamento onde moravam os jogadores vindos de outros estados e de várias modalidades esportivas.

Acho que não esqueci o ataque não, porque, apesar de ter sempre jogado na defesa, não me conformava em só defender. Eu queria era atacar, como fazia no Flexeiras, na Aeronáutica, nas peladas. Não me sentia preso por nenhum ponta. Talvez daí tenha surgido toda essa liberdade que têm os laterais de atacar atualmente, com uma diferença: na minha época, havia pontas natos, como foram o Sabará, o Julinho, o Cláudio, o Joel e tantos outros.

Fiz um "contrato de gaveta"[2] com o seu Carlito. Esse acordo, com o salário de 400 cruzeiros — não sei o que isso representaria hoje —, ficou assim, até o final do campeonato. Depois da conquista do título e do Sul-Americano de 1949, passei a ganhar 600 cruzeiros. Isso valeu até 1950, quando fiz o meu primeiro contrato, registrado na carteira de atleta n° 3.466 — da então Federação Metropolitana de Futebol, ganhando mil cruzeiros. O contrato vigorou até o dia 24 de agosto de 1951. Em 1952, já ganhava sete mil cruzeiros. Daí em diante, o contrato era renovado todo ano. Somente depois de 1956, comecei a fazer contratos com validade de três anos. A formalização dos acordos, com papéis, nunca foi realmente o meu forte. O que mais gostava de fazer na vida era jogar futebol, e isso eu estava fazendo, e eles ainda me pagavam. Era unir o útil ao agradável.

Isso aconteceu no começo de 1948. Joguei ainda, nesse início de ano, dois jogos amistosos pelo Botafogo. O primeiro foi no dia 21 de março de 1948 contra o América Mineiro. Nesse dia, durante o almoço, pouco antes do jogo, ouvi o Ari — o goleiro reserva — dizer que a minha escalação não era uma boa. Ouvindo esse comentário, fui logo tirando meu time de campo. Pensei: "Melhor voltar para a Ilha, jogar de novo no Flexeiras e não ter que aturar esses caras". Quando eu já estava de saída do clube, encontrei-me com o seu Carlito. Ele foi logo falando comigo:

— Ô, rapaz! O que você faz aqui fora com essa bolsa na mão?

— Estou só vendo o movimento, – despistei.

— Então, vá logo lá para dentro! Você não vai jogar hoje?

— Não, senhor, vamos deixar para outro dia. Vou voltar para a Ilha.

2 Acordo informal entre jogador e dirigente.

— Nada disso, você vai jogar hoje. Entre já e vá ficar na sombra, que o sol está muito quente e sol na cabeça não faz bem.

Não sei por que, mas resolvi escutar o seu Carlito. Voltei e esperei ansiosamente o jogo começar. Fiz uma grande partida, apesar de jogar apenas um tempo. Isso porque levei uma cotovelada do Murilinho e tive de ser substituído. Mas, joguei o suficiente para me vingar do Ari. Dominei uma bola na área, ia sair jogando e recuei. O Ari, desesperado, pediu que devolvesse a bola para ele. Fingi que ia devolver, passei o pé em cima da bola e voltei. Ele ficou sem pai e sem mãe. A torcida delirou e me aplaudiu. Ari não gostou, mas teve de engolir. No dia seguinte, apesar da derrota por 2X1, fui considerado, por toda a imprensa, o melhor jogador da partida. Isso, para um estreante, foi muito bom.

Antes da temporada oficial de 1948, fui para a minha primeira excursão com o clube. Foi para a Bolívia. A delegação, chefiada pelo major Jocelyn de Souza Lopes, levava o técnico Zezé Moreira e o jornalista Canôr Simões Coelho. No primeiro jogo, ganhamos de 3X2 do Bolívar. No decorrer do jogo, Zezé fez algumas alterações para poupar os jogadores da terrível altitude boliviana. Eu entrei substituindo o Juvenal. No segundo, contra o campeão El Litoral, ganhamos de 3X1. E no último jogo empatamos de 1X1 com o Strongest, que era o promotor do evento. Fomos campeões do torneio.

O Botafogo estreou no Torneio Municipal, no dia 25 de abril, perdendo em Álvaro Chaves para o Flamengo, por 2X0. Eu não joguei dessa vez. Com algumas modificações, no mesmo local, no dia 28 de abril, o Botafogo ganhou por 5X3 do América.

No dia 10 de maio, recebemos a visita da delegação britânica, do Southamptom, que foi recebida pelo Botafogo e instalada no Luxor Hotel, em Copacabana. Carlito Rocha organizou um torneio dos quatro times grandes do Rio — Botafogo, Flamengo, Fluminense e Vasco da Gama, no estádio de São Januário.

A temporada começou no dia 16 de maio com o Fluminense vencendo os ingleses por 4X0. O jogo com o Botafogo foi no dia 20, onde vencemos por 3X1

Na noite de 29 de maio, foi o jogo amistoso com o Atlético Paranaense, na disputa do Troféu "Adhemar Bebiano", que marcou a inauguração da moderna iluminação do estádio de General Severiano. Como a obra foi realizada na administração de Adhemar Bebiano, seu Carlito convidou-o para oficialmente ligar as chaves da iluminação. O jogo foi 0X0 porque o juiz não marcou um gol legítimo do Otávio.

Participei também de algumas partidas no Torneio Municipal de 1948. Este torneio era uma competição preparatória ao Campeonato Carioca do ano. Na noite de 28 de abril, o jogo foi contra o América, que vencemos por 5X3. No dia 2 de maio, foi contra o Bangu, que perdemos por 5X0. Neste jogo, aconteceu uma coisa engraçada: eu fui ficando desesperado pelo fato de o Botafogo estar perdendo por um placar tão dilatado — 3X0. Aí, gritei: "chega, gente". Então, foi corner para o Bangu, alguém bateu, o Zizinho pulou na área e fez 4X0. Ele ainda passou por mim e disse: "calma aí, rapaz, que ainda não chega não". Essa foi a maior derrota da minha vida.

No intervalo do torneio contra os ingleses, no dia 23 de maio, na Gávea, derrotamos o Madureira por 3X1, pelo Municipal.

No dia 9 de junho, em São Januário, o Botafogo venceu o São Cristóvão por 5X2. No dia 13, na Gávea, empatamos com o Vasco por 2X2. No dia 20, em São Januário, encerramos o Torneio Municipal, empatando com o Fluminense no último minuto, por 1X1, gol de Otávio. Ficamos com o terceiro lugar desse torneio.

A abertura do Campeonato Carioca foi no dia 11 de julho do mesmo ano. A então Federação Metropolitana de Futebol —

FMF, hoje Federação Carioca, apresentou novidades para esse campeonato: a numeração com algarismos grandes nas costas dos jogadores e a contratação de quatro árbitros ingleses. O Botafogo, que até então jogava com camisas de pano e abotoadas na frente — eram horríveis, a gente corria e a camisa enchia de ar —, passou a usar camisas de malha e calções brancos.

Depois de jogar, nesse dia, pelo time aspirante, passei a fazer parte do time principal. No aspirante, estreei contra o São Cristóvão. Ganhamos por 2X1. O time principal perdeu por 4X0 para o mesmo São Cristóvão que me queria lá.

Após esse jogo, Carlito Rocha foi acusado pelos torcedores do Botafogo de ter acabado com o time, por ter vendido o Heleno de Freitas. O jogo seguinte foi contra o Canto do Rio, em Niterói. Por causa das críticas, e como o time vinha de uma derrota, Zezé Moreira assumiu o comando técnico, e foram feitas algumas substituições. Foram escalados pelo Zezé:

Ganhamos por 2X0. Daí para a frente, fui sempre o titular da lateral esquerda. Nós ganhamos ou empatamos todos os jogos seguintes, até sermos campeões cariocas de 1948, vencendo o Vasco, na final, por 3X1 em General Severiano, hoje "Estádio Nilton Santos".

CARLOS MARTINS DA ROCHA — "SEU CARLITO"

Para começar a falar desse fantástico homem que foi Carlito Rocha, quero registrar que jamais vi ou conheci um torcedor dirigente que fosse mais botafoguense que ele. Para mim, não existe até hoje.

Ele era incrível. Só vivia para o Botafogo e no Botafogo. Concentrava conosco, conversava e nos orientava. Era um verdadeiro pai. Para mim, principalmente. Ele gostava muito de mim, e eu dele. Acho que nossa afinidade foi à primeira vista. Quando comecei a jogar, fui morar no clube e, logo que cheguei, às vezes me batia aquela saudade da minha Ilha, da família, dos amigos. Eu ficava meio triste sentado num banco, lá na frente da sede, pensando. Ele vinha conversar comigo e, no final, dizia: "olha, rapaz, você agora já é um profissional, precisa ficar aqui. Não fique triste, tome aqui um dinheiro e vá ao cinema ou se divertir com as moças em Copacabana". Aí eu ia e, como tudo era novidade, a fossa logo passava. Pegava o bonde n° 13 e ia para o Mourisco. De lá, sempre para o cinema Guanabara, cujo porteiro era botafoguense e me puxava para dentro dizendo que o filme era ótimo.

Carlito Rocha foi, sem dúvida, um dos reais botafoguenses que conheci na época de jogador do clube. Era muito respeitado por todos. Para ele, só existia o Botafogo. Nós éramos sempre os maiores e os melhores.

A dedicação dele era espantosa. Na concentração, fazia gemada para tomarmos após os treinos, com a recomendação de que aquilo era para jogarmos bola melhor, não para sair com mulheres. Por causa disso, ficou conhecido como o "general das gemadas". E ainda nos dava, todos os dias, uma colher de mel Karo na boca. Imaginem só, como se nós todos fôssemos seus filhos.

Acho que só uma vez o decepcionei para valer. Carlito nos dava umas vitaminas, que, segundo ele, eram para nos fortificar. Sempre quando eu passava, ele dizia: "Que rapaz bonito, forte, com saúde, veio da Ilha tão fraco, isso são as minhas vitaminas que fizeram você ficar assim". Mal sabia ele que eu não as tomava. Eu guardava todas no meu escritório. Um belo dia, faltou vitamina para o Juvenal e elas não estavam sendo encontradas na farmácia mais perto do clube, na rua da Passagem. Eu, sem saber que o magoaria, disse: "Espera aí que eu resolvo esse problema, tenho algumas no meu armário". O velho ficou superchateado. Eu fiz com a intenção de ajudar, não sabia que o magoaria tanto, senão teria ficado calado.

Ele era também muito engraçado e muito supersticioso. Acho até que esse mito de que todo botafoguense tem uma ou outra superstição veio dele. Tudo começou com Carlito. Eu sei que até hoje tenho as minhas e foram aprendidas com ele.

Se Carlito entrasse num táxi e o motorista desse uma marcha a ré, pronto, o cara tinha comprado uma briga feia com ele, que descia e pegava outro. Aquele não podia mais, tinha andado para trás.

Quando o dia amanhecia nublado e o Cristo Redentor estava encoberto, ele ficava de cara fechada, preocupado com o resultado do jogo do Botafogo, à tarde. "Hoje vamos perder, ele não está nos olhando", dizia.

Durante os jogos, os reservas comentavam que ele ficava no banco e torcia, falando o tempo todo. Se estivéssemos ganhando e alguém chutasse a bola para o alto, ele falava: "Sobe, sobe, sobe, bola!" Se estivéssemos perdendo e acontecesse o mesmo, dizia: "desce, desce, desce, bola!"

Se ele achasse que um cara era pé frio, esse já estava riscado do Botafogo. Não deixava nem a gente conversar com a pessoa, e dizia: "Não deixa ele te abraçar, nós ganhamos hoje, mas ele dá azar para o próximo jogo". Se tivéssemos perdido, era porque o cara falou com um de nós antes do início do jogo.

Carlito só assistia aos jogos do Botafogo com a mesma roupa. E colocava açúcar no paletó para dar mais sorte. Às vezes, algum "puxa-saco" vinha e, achando que ia agradar, limpava-o. Levava uma bronca dos diabos.

Ele era realmente incrível. Se o jogo de domingo fosse contra o Flamengo, por exemplo, ele chegava durante a semana e falava: "Encontrei o Joel na rua e ele disse que vai te ensopar,[1] até contestei, mas ele disse que faz, no mínimo, dois gols em cima de você". Se fosse o Vasco, ele sempre encontrava o Sabará, e assim por diante. Eu ria porque sabia que, no fundo, o que ele estava fazendo era me instigando e incentivando para que, cada vez, jogasse melhor.

Após cada partida, tínhamos de ficar deitados na sede, descansando por duas horas. Ele achava isso importantíssimo. Eram 12 colchões estendidos, diga-se bem, os 11 que jogaram e ele. Se o Botafogo tivesse ganho, ele mandava ligar o rádio para ouvir os gols. Caso perdesse, o Gérson Santos, que era um moleque, pegava o rádio e ele dizia: "Não, não liga não, que agora é hora de silêncio". Nesse período, ele mandava o Aluísio, o roupeiro, trocar dinheiro e dava 200 mil réis a cada um de nós, independentemente do bicho do Botafogo.

1 Vencer fácil, por grande contagem.

Carlito era defensor do Botafogo e nós, os jogadores, éramos seus filhos. Certa vez, em 1950, eu disputava o Campeonato Brasileiro pelo Rio de Janeiro. A decisão foi Rio X São Paulo e fui expulso trocando pontapés com o Friaça. Por causa desse episódio, ao final do jogo — apesar do empate, fomos campeões — o chefe da delegação, coronel Póvoa, diretor do Vasco, não queria me pagar o prêmio. Carlito ouviu aquilo e ficou tão indignado que foi logo em meu socorro: "Não precisa pagar, não. Ele é jogador do Botafogo, não é de qualquer clubinho, não, por isso eu mesmo, como presidente do clube, pago esse prêmio a ele". E o coronel, muito sem graça, acabou por me pagar junto com os outros jogadores.

No início da minha carreira no Botafogo, não havia Departamento Médico. Cada jogador que se machucava ou precisava de médico era só falar com o "seu Carlito". Ele pegava a gente e levava para o Hospital dos Acidentados. Lá, trabalhava o Dr. Mário Jorge, o ortopedista mais famoso da época. O interessante é que ele chegava com a gente e dava logo o diagnóstico: "Mário, esse rapaz machucou-se, você não acha que é ligamento, menisco, torção"? O Dr. Mário ria, piscava para a gente e, para não desapontá-lo, dizia: "Isso, Carlito, você acertou em cheio". Mas, examinava e o tratamento era completamente diferente do diagnóstico do "seu Carlito".

Outra passagem engraçada dele — essa contavam lá no clube —, não é da minha época — é que gostava de pegar um ônibus e levar os jogadores para passear na Barra da Tijuca, que era totalmente deserta. Numa dessas, os jogadores desceram na praia e o Álvaro, ponta direita, fez, de brincadeira, xixi no pé do Perácio. No domingo, o Perácio fez três gols no jogo. Aí, o "seu Carlito" queria que toda semana o Álvaro repetisse o feito, o que deixava o Perácio louco de raiva, dizendo que não precisava disso para fazer seus gols.

No decorrer do campeonato de 1948, surgiu o Biriba. Era um cachorro vira-lata, preto e branco, de um botafoguense, o Macaé. Ele tornou-se nosso mascote. Toda vez que o jogo estava engrossando para nós, o banco soltava o Biriba, que adorava uma bola e ia direto nela, atrapalhando o jogo. Um belo dia, esse rapaz, dono do cachorro, nos convidou para jogar uma pelada na cidade dele, Macaé. Fomos. Quando "seu Carlito" tomou conhecimento do fato, ficou louco da vida com o Macaé e proibiu a sua entrada no clube. Aí, o Macaé não teve dúvida, prendeu o Biriba em casa. Achando que o cachorro nos dava sorte, Carlito não teve outro remédio, a não ser fazer as pazes com o Macaé.

O Biriba era o jogador número 12 do Botafogo. Na semana de um jogo contra o Vasco, o seu presidente, Ciro Aranha, declarou nos jornais que não aceitava, de forma nenhuma, a entrada do Biriba no estádio de São Januário. Carlito, lendo a matéria, mandou perguntá-lo: "E o presidente do Botafogo entra?" O dirigente vascaíno respondeu que, evidentemente, sim. No domingo, Carlito foi para o jogo e quando chegou à porta do estádio pegou o Biriba no colo e entrou com toda pose de presidente, nas sociais do Vasco.

Não havia concentração na época e o ponto de encontro para qualquer jogo era a sede. No salão principal, tinha uma cortina que era dele. Ali, rezava e ia arrumando a cortina. Dizia para nós que amarrava como se estivesse amarrando os pés dos adversários. Para que ninguém bebesse, ele trazia mangas e distribuía a todos. Depois que havíamos comido, ele recomendava: "Olhem que manga com cachaça mata".

Num jogo Botafogo e Olaria, na rua Bariri, havia dois jogadores, Olavo — meio campo — e Ananias — lateral esquerdo — do Olaria, que queriam sair de lá para um time grande — o Botafogo, por exemplo. Carlito, muito vivo e sabendo disso, colocou-se na beira do campo. Quando o Olavo começava a gritar: "corta o queijo"[2] ou "agora queimando a grama"[3] e, sempre que podia, dava um pontapé num jogador nosso, Carlito dizia: "Seu Olavo, estou aqui, estou te vendo". E ele respondia: "Desculpe, seu Carlito, não estou fazendo nada".

Um dia, eu ia treinar, Carlito me chamou, me mostrou o Araty — lateral direito do Madureira — e me perguntou: "Nilton, você conhece esse cara aqui?" E eu, como tinha bronca dele, porque entrava muito duro na gente, respondi de cara feia: "Eu conheço, sim, é o Araty". E ele me disse: "Agora ele não dá mais porrada na gente não, agora ele é nosso".

Uma vez, o Botafogo foi jogar contra o São Paulo, no Pacaembu. Era um jogo duro. Um duelo: campeão carioca e campeão paulista. O time deles era muito bom, e nós perdemos de 5X2. Quando voltamos, o Carlito foi dar uma bronca no chefe da delegação pela derrota e ele, sem saber como justificar, falou que a culpa era minha, que eu havia dito que não queria jogar com o Basso, — um jogador argentino, beque central, que veio para o Botafogo substituir o Gérson Santos, que tinha sido vendido para a Colômbia — que eu não gostava do Basso e queria jogar com o Gérson. Ao tomar conhecimento do fato, fui até o *Diário da Noite,* onde trabalhava o Sandro Moreyra, que era meu amigo. Contei para ele a história e pedi que me defendesse no jornal. No dia seguinte, quando cheguei para treinar, o Aluísio, o roupeiro, me disse: "Não tem material de treino para você não. Os velhos estão reunidos lá em cima te esperando, acho que vai ser multado". Não tive dúvidas, fui até o local da reunião. Quando cheguei, seu Carlito estava com um jornal na frente dele e me

2 Mudar a jogada de um lado para o outro.

3 Tocar a bola rasteira.

disse: "Você já leu o *Diário da Noite*?" Não, mas posso imaginar o que está escrito", respondi. "Então, você vai ter que desmentir." "Eu não vou desmentir nada porque fui eu quem procurou o jornalista. Se o clube tem o direito de me acusar, eu também tenho o direito de me defender." "Então, você está multado", encerrou o assunto o "seu Carlito".

A multa foi alta, mais ou menos 60% do meu salário. O jogo seguinte era com o Fluminense, nas Laranjeiras. Desci e fui me encaminhando para o departamento médico, fingindo estar machucado, mancando. "Seu Carlito" estava sentado na arquibancada no seu lugar de sempre. Eu passei e ele gritou: "Nilton, Nilton, Nilton". Eu fingi não ouvir, estava danado da vida. "Nilton, Nilton, onde você vai?" "Vou ao departamento médico, estou com o joelho doendo, não sei o que tenho", respondi. "Você não tem porra nenhuma. Vai à tesouraria e avisa ao Júlio que você não está multado, troca a roupa e vem treinar", finalizou "seu Carlito".

Assim eu fiz. Domingo, ganhamos do Fluminense por 3X1.

Ele confiava muito em mim. Sempre que conversava com alguém e queria dar exemplo, ou fazer um desafio, eu era logo o escolhido. Ele admirava tudo em mim, meu caráter, meu físico, meu fôlego e, por causa disso, me colocava em cada uma... Certa vez, o time do Arsenal veio ao Brasil fazer alguns jogos, um deles contra o Botafogo. Ele chamou todo o plantel inglês e desafiou: "Quero ver quem de vocês é capaz de ganhar desse rapaz no espirômetro.[4] A melhor marca entre eles foi de um jogador que conseguiu soprar 4.500. Foi a minha vez e eu não podia decepcionar o "seu Carlito". Tentei e consegui soprar 6.500, graças a Deus.

Com o passar dos anos, como em várias épocas no Botafogo apenas eu era convocado para as Seleções Brasileira e Carioca,

4 Instrumento que mede o ar inalado e exalado pelos pulmões.

cansado, desgastado das viagens e concentrações, por diversas vezes me questionava se já não era hora de parar de jogar. E, toda vez que isso acontecia, o "seu Carlito", tomando conhecimento do fato, vinha logo conversar comigo. Ele era muito engraçado. Dizia: "Olha os seus dentes, você é puro sangue, ainda está novo, pode jogar por muito tempo". Eu acabava por me convencer e ficava um pouco mais. Um belo dia, quando novamente esse questionamento voltou, resolvi e realmente parei de jogar. Carlito, então, ficou magoado comigo. Como ele se sentia um pouco "meu dono", achou que deveria consultá-lo antes de uma decisão tão séria. Como quem corria atrás da bola era eu, também era eu que deveria saber a hora de parar, e não o "seu Carlito", nem ninguém. O que sei é que nos afastamos. Da minha parte, apenas por circunstâncias da própria vida. Por ele, talvez mágoa ou me achando ingrato, não sei. Acabou morrendo e deixando essa incógnita. Hoje, já mais velho, de cabelos brancos, reconheço que deveria ter sido mais humilde e procurado por ele para, juntos, apararmos as arestas.

O que eu quero mostrar mesmo para vocês, relembrando todos esses fatos do Carlito Rocha, é o dirigente e o homem que ele foi; desprendido, verdadeiro torcedor do clube. Não éramos só nós, os atletas, que jogávamos por amor à camisa. Havia dirigentes que também o faziam. E ele era um desses. Havia outros no próprio Botafogo e também no Flamengo — como o Gilberto Cardoso — no Vasco, no Fluminense. Eles não precisavam se promover através do clube. Já eram homens bem-sucedidos na vida, de boa situação e prestígio. Os clubes, sim, esses é que se favoreciam deles. Do dinheiro deles. O Carlito Rocha, por exemplo, que era um empresário, dono de uma fábrica de tecidos, foi um que ficou pobre de tanto dar dinheiro ao Botafogo.

BOTAFOGO DE 1949 A 1965

A conquista do Campeonato Carioca de 1948, para o Botafogo, foi muito importante porque o time vinha desde 1935 sem conseguir levantar um título.

O ano seguinte, 1949, não foi dos melhores para nós, campeões cariocas. Ficamos em sétimo lugar no Torneio Rio x São Paulo e, no campeonato estadual, não chegamos nem perto da campanha de 1948. Perdemos vários jogos, inclusive um no retorno para o São Cristóvão, que me rendeu quatro pontos nos lábios e um rosto deformado por vários dias. Esse jogo foi no nosso campo, em General Severiano, numa jogada de grande área. Eles fizeram uma roda, colocaram o Pirilo dentro e começaram a bater nele. Eu não podia assistir à cena parado. Na confusão, caí e alguém me chutou. Não sei quem foi até hoje. Alguém acusou o Torbis — um beque central do São Cristóvão, alto e forte. Chegaram a dizer que ele havia me dado uma mordida.

Não pensei duas vezes e, ao final do jogo, fui com o rosto inchado mesmo na casa da namorada dele, que era minha conhecida. Quando contei a ela que ia acertar as contas com ele, ela começou a rezar e a me pedir para ir embora. Esperei durante algum tempo, só que a anestesia começou a passar e a dor foi mais forte que a vontade de revidar. No dia seguinte, ele saiu na primeira página dos jornais com a dentadura na mão, dizendo que não havia me chutado e muito menos me mordido, porque usava dentadura. Foi um vexame.

Essa confusão toda foi porque o envolvido era o Pirilo e eu gostava muito dele. Era um jogador fantástico. Quando foi trazido para o Flamengo, veio com a missão de substituir o Leônidas da Silva que já estava velho, mas era um Deus no clube e no Brasil. Tinha até chocolate em sua homenagem — *Diamante Negro* — que por sinal existe até hoje. O Pirilo chegou, foi tricampeão e ninguém mais falou no Leônidas. Conseguiu o passe livre e da mesma forma chegou ao Botafogo para substituir o Heleno de Freitas, que era o Deus do Botafogo. Nós fomos campeões, ele ainda colocou o Otávio de artilheiro do campeonato.

Pirilo era mais velho que eu, muito vivido e me dava muitos conselhos. Eu, jovem, escutava tudo e procurava seguir e aprender.

Certa vez, o Botafogo foi jogar em Porto Alegre. Toda noite o pessoal saía e eu nunca ia por causa do frio. O Rubinho sempre me trazia recado de uma bailarina da *boite* que dava dinheiro a ele para me levar lá. Quando terminou o torneio, fomos campeões e eu resolvi ir na tal *boite* para conhecer a moça. Nos conhecemos, conversamos, dançamos, depois eu fui embora com o Botafogo. Passados alguns meses essa moça aparece no Botafogo me procurando. Tinha vindo ao Rio com uma companhia de dança. Começamos, a namorar e ela não voltou mais para Porto Alegre. Ela ficou morando no meu quarto, na república que tínhamos em Copacabana paga pelo clube. Confesso que estava apaixonado pela moça, já pensando em casamento.

Comentei com o Pirilo o que estava pensando. Ele conversou muito comigo e me convenceu a não fazer isso. Fomos juntos comprar uma passagem e mandei-a de volta a Porto Alegre. Quase não consegui tomar a decisão. Sofri muito, mas depois vi que ele estava com a razão. Eu era novo, tinha muito tempo pela frente e seria complicado formar uma família logo no início de carreira. Anos depois, estava numa lotação indo para o treino e senti alguém bater na minha perna e me cumprimentar. Quando olhei, era a tal moça, agora bem casada, morando no Rio e indo buscar o filho num clube da cidade. Aproveitei a oportunidade e disse a ela: "Tá vendo como foi bom eu ter tomado aquela atitude, você está aí bem casada, com uma vida boa, com um filho, não sei se teria sido assim comigo". Ela, para minha surpresa respondeu: "Com tudo que tenho, sei que seria mais feliz se tivesse ficado com você".

Na última rodada, estávamos ganhando, por 2x0, no primeiro tempo e perdemos no segundo por 3x2 do Vasco, que se sagrou Campeão Carioca de 1949. Foi o único clube nesse ano a não ser goleado pelo Vasco da Gama.

Nessa fase, aconteceu um fato engraçado. Eu morava em Copacabana e nos dias de folga ia à Ilha. Num desses dias, quando cheguei à casa do meu pai, ele me olhou e disse: "Estava escutando o rádio e eles estão te comparando ao Domingos da Guia, você está jogando tão bem assim, meu filho?" Eu respondi: "É, eles estão dizendo". Essa observação do seu Pedro foi feita porque ele nunca havia assistido um jogo meu, não tinha o hábito de sair da Ilha. E, na realidade, eu estava muito no início de carreira e talvez ele não pudesse acreditar nisso.

Em 1950 o Botafogo é o quarto outra vez, ficando atrás do América, do Bangu e do Vasco, que foi bicampeão, tendo o Ademir como artilheiro do campeonato com 74 gols.

Nesse ano, num jogo contra o Bangu aconteceu um fato engraçado que até hoje, quando encontro o Thomaz, eu cobro dele. Tenho até uma foto para comprovar. Nós disputávamos uma bola e ele levantou o pé em direção a minha canela e eu pulei. Na hora ele ficou danado e me perguntou: "Por que você pulou? Eu não ia entrar em você, em você não, o que pensa de mim? Eu sou seu amigo". E até hoje ele repete isso e eu sempre argumento que ele estava de cabeça baixa e podia não ter me visto, e ele responde puto: "Você pensou que eu estava de cabeça baixa". E no final nós rimos muito, mas até hoje fica a polêmica.

Em 1951 ficamos em terceiro lugar, e Carlyle foi o artilheiro.

Em 1952 ficamos em quinto lugar.

Houve uma época no Botafogo, principalmente quando o Pirilo era treinador, que fui uma espécie de "salvador da pátria". Era escalado para jogar em várias posições, como se isso fosse o bastante para o time alcançar as vitórias. O Pirilo, por exemplo, me colocou certa vez no meio campo. Ele dizia: "Você é craque, joga em qualquer posição". Eu, por ser amigo dele, ia para o sacrifício. Em alguns jogos, chegava a perder quatro quilos. Ficava tão desidratado que, à noite, tomava cerveja com soda limonada para me recuperar.

Em 1953 — mesmo sendo o ano da chegada do Garrincha ao clube — e 1954 não foi muito diferente. No primeiro ficamos em terceiro e, no ano seguinte, no péssimo sexto lugar. Repetindo a façanha em 1955, terminamos em sétimo lugar.

Em 1956, João Saldanha foi convidado pelo presidente do Botafogo, Paulo Azeredo e pelo diretor de futebol, Renato Estelita, de quem era amigo pessoal, para assessorar o departamento de futebol do clube. Os dois acabaram por reformular todo departamento.

Com Zezé Moreira de treinador, o Botafogo fez um Campeonato Carioca muito fraco e terminou em terceiro lugar na classificação final.

Um fato interessante que aconteceu nessa mesma época: o Zizinho queria sair do Bangu e comentou isso comigo. Eu fui falar com os diretores do Botafogo, era a nossa chance de tê-lo no time — já que o Didi havia sido vendido para o Real Madrid — argumentei: "Zizinho é um jogador espetacular, joga com e sem a bola no pé. Se derem porrada nele, aí é covardia. Por que não contratam o homem?". Quase apanhei da diretoria. Aquilo não podia acontecer, Zizinho tinha chutado o Biriba numa partida. Eu respondi: "Ele chuta qualquer coisa que for preciso para ganhar". Não consegui convencê-los e o Zizinho foi ser campeão no São Paulo. São coisas que só acontecem com o Botafogo.

João, achando que o clube precisava de mudanças, lançou um lema: "Quem não é o maior, tem que ser o melhor". Portanto, com o apoio da presidência, João e Estelita saíram à cata de jogadores para reforçar o plantel. Buscaram Bauer — meio campo; Paulo Valentim — ponta de lança; Alarcon — centro-avante; Canete — ponta esquerda e finalmente Didi. Esperando assim na temporada de 1957, partir para melhores resultados.

Com o João na assessoria e Zezé Moreira no comando técnico da equipe, não estava dando muito certo. O relacionamento dos dois nunca fora muito bom, mais por posições políticas antagônicas — Zezé era de extrema direita e João de extrema esquerda — do que por posições futebolísticas. Eles apenas se respeitavam. Mas o clima era mantido sempre com uma tensão no ar. Portanto, Dr. Paulo resolveu demitir o Zezé e colocar o Geninho, que era ex-jogador do clube, em seu lugar. Geninho assumiu o cargo experimentalmente por alguns meses.

Tudo corria bem até que na hora da renovação do contrato Geninho ficou muito empolgado, por estar fazendo um bom trabalho e pediu demais. A presidência do clube não concordou.

O Botafogo já tinha marcado um amistoso e uma excursão ao nordeste. Sem contar que o Campeonato Carioca de 1957 também não demorava para começar, então, foi oferecida ao Saldanha a direção técnica da equipe.

Saldanha aceitou comandar a equipe apenas durante aquele campeonato. Acabou por ficar até o final de 1959.

Estruturou bem o time que foi Campeão Carioca de 1957.

O Campeonato Carioca de 1957 parecia até um jogo de pôquer. O jogo feito, tudo ou nada. Foi uma espécie de romance policial, pelas surpresas que reservava a cada rodada. Todos tinham a chance de ser campeão.

Não nos olhavam como campeões, isso porque nosso último campeonato tinha sido em 1948, já fazia nove anos. Cheguei até a dizer que, se não fôssemos campeões, eu iria embora do Botafogo, estava cansado de correr atrás dos títulos e não consegui-los. Não sei se cumpriria a promessa. O bom é que não precisei pensar nisso.

Todos tinham chances, a começar pelo Vasco, que era o campeão de 1956. O Flamengo tinha um bom time, o Fluminense estava na ponta. O Botafogo se ocultava. Não queria aparecer muito. Nós estávamos um pouco amargos e tínhamos medo de uma nova decepção.

Normalmente, no segundo turno já se começa a delinear quem serão os finalistas. Em 1957, isso não aconteceu, todo mundo ficou se enganando até o final. Nenhum clube tomara a atitude de campeão.

Quando o Fluminense derrotou o Bangu, a imprensa achou que ele jogara mais como campeão do que o Botafogo contra o Madureira.

No final, reuniu o Fluminense líder e nós do Botafogo com um ponto atrás.

Tomé e eu combinamos que, se fôssemos campeões, quando o jogo acabasse rasgaríamos nossas camisas.

Quando começamos a fazer gols, a cada um, rasgávamos um pouco as camisas. Quando estava 4X1, o Tomé já estava praticamente sem camisa. Quando olhei para ele resolvi rasgar a minha também. O time todo estava em estado de graça e com o diabo no corpo. O Botafogo apareceu para a apoteose. Escolhemos a data e a plateia e presenteamos a torcida e a nós mesmos com aquela vitória maravilhosa de 6X2, roubando o campeonato ganho, teoricamente, pelo Fluminense.

Não sei precisar quando, mas acredito ter sido por volta de 1957 que tenha surgido o título que me foi dado de "Enciclopédia do Futebol". Outra dúvida é quem foi o autor. Depois que pegou, apareceram muitos "pais da criança". O Jacinto de Thormes me assegurava, e assegura até hoje, que foi ele. Alguns apontam o Nelson Rodrigues. E a grande maioria afirma que foi mesmo o saudoso Waldir Amaral. Recentemente, estive conversando com o José Cunha — consagrado jornalista esportivo — que me disse ter absoluta certeza de que foi o Waldir. Ele lembrou que, à época, era repórter de campo e ouviu, durante uma transmissão, o Waldir, pela primeira vez, se referir a mim como a enciclopédia do futebol brasileiro e, depois do campeonato mundial de 1958, como a enciclopédia do futebol mundial. Diante de tudo isso, o melhor que tenho a fazer é agradecer o título que me consagra até hoje.

(Cláudio Duarte)

Em 1961, o Botafogo foi campeão carioca com uma rodada de antecipação. Tivemos apenas uma única derrota para o América, com um gol contra, do Zé Maria. Cumprimos a tabela jogando contra o Flamengo, no último jogo do certame, e ganhamos por 3X0. Com a volta de Didi do Real Madrid, mais Garrincha, Amarildo e Zagalo, a superioridade do nosso time era evidente.

No início do campeonato, o treinador, à época, Marinho Rodrigues, foi muito criticado pela imprensa, principalmente, pelo João Saldanha, por querer escalar três jogadores canhotos no time — Quarentinha, Amarildo e Zagalo. Entretanto, isso não foi possível porque o Quarentinha não jogou esse campeonato por estar se recuperando de uma cirurgia de meniscos.

Em 1962, o Campeonato Carioca começou logo após o Campeonato Mundial, no Chile. Com cinco campeões mundiais, o Botafogo era, sem dúvida, o favorito. Perdemos o primeiro jogo por 1X0 para o Campo Grande, que acabava de chegar à primeira divisão. Durante o campeonato, tivemos alguns problemas. Ficamos sem o Chicão — que foi vendido para o Valência — e sem o Didi — que era a cabeça do time, para o Cristal, do Peru —, mas acabamos chegando ao final com apenas um ponto atrás do Flamengo, que foi para a decisão jogando pelo empate.

O treinador do Flamengo, à época, Flávio Costa, achando que o Botafogo não existia sem o Garrincha e — pensando que era possível —, colocou todo o time para parar o Mané. Evidentemente, só conseguiu motivar mais o Garrincha, que acabou com o Flamengo. Ganhamos o jogo por 3X0, dois gols do Mané e um do Vanderlei, contra. Consequentemente, fomos campeões.

Nesse ano, fomos também campeões do Torneio Rio X São Paulo ganhando a final do Palmeiras por 3X1, no Maracanã.

Em 1964, mais uma vez, pensei em parar de jogar. Já estava saturado das concentrações e das viagens. Quando não estava na Seleção Brasileira, estava na Carioca, e não sabia por quanto tempo ainda conseguiria assistir calado a tantas injustiças de alguns dirigentes nos últimos tempos. Queria parar também porque, com a idade, toda vez que o Botafogo se saísse mal numa partida, haveria sempre alguém lembrando que eu estava com 39 anos. Queria que guardassem de mim somente boas lembranças. O difícil não é começar, é saber quando se deve parar.

Conversei com o Sandro sobre o que pretendia fazer e ele, junto com outros jornalistas amigos meus, bolaram promover um jogo de despedida, e a renda para mim, como é feito na Europa. O Botafogo não concordou, a diretoria alegava que, aceitando isso, estaria assinando embaixo que o clube não havia me remunerado à altura. Depois desse episódio, fiquei ainda mais desgostoso porque era verdade. Só consegui ver isso muito tempo depois. Por eu não me preocupar muito com o valor dos meus contratos, por ficar mais ligado em estar jogando sempre é que isso aconteceu. E os dirigentes se aproveitaram disso. Eu fazia os contratos em branco e eles colocavam o que queriam.

Mais tarde, percebi que eu não só prejudicava a mim, mas a todo o plantel. Quando um outro jogador pedia um pouco mais, eles logo alegavam: "o Nilton, que é jogador de seleção, não exige nada. Como você quer exigir?"

No dia 13 de dezembro de 1964, com o Maracanã lotado, num jogo de campeonato, contra o Flamengo, resolvi que seria o meu último jogo oficial com a camisa alvinegra. Recebi um troféu muito bonito do Flamengo, aliás, o maior que tenho na minha coleção. O troféu me foi entregue pelo capitão do time, Carlinhos. Um diretor do clube, Drault Hernanny, se aproximou de mim e disse: "Quero ver, depois dessa homenagem, o que você vai fazer". Eu não entendi o propósito da observação e respondi:

"Fica aí que você vai ver". De uma jogada iniciada por mim, o Roberto Miranda fez o gol da vitória.

No dia 16, joguei um amistoso, que já estava programado, contra o Bahia, em Salvador, onde ganhamos novamente com outro gol do Roberto. Após esse jogo, o Botafogo nos deu uns dias de folga com retorno previsto para o dia 7 de janeiro de 1965. No dia 10, teríamos um jogo contra o Santos pelo Torneio Rio X S. Paulo e seguiríamos em excursão pelas Américas do Sul e Central, acabando no México.

Dias após, fui ao clube para fazer um tratamento e conversar com o presidente, Ney Cidade Palmeiro, para comunicá-lo que eu não queria viajar com o time. Na entrada, encontrei o Geninho, que era o treinador na época. Ele me disse: "Nilton, você precisa trazer o seu passaporte que vamos para a excursão à América Central, terminando no México" — na realidade ele não estava acreditando que, realmente, o jogo contra o Flamengo e o amistoso do Bahia haviam sido os meus últimos. Disse a ele que eu não ia. Tentou ainda discordar de mim, mas não houve jeito. Eu estava decidido.

A conversa com o Dr. Ney foi boa. Ele entendeu as minhas razões e me liberou da excursão. Argumentou que não era a hora de parar de jogar, que eu tinha ainda seis meses de contrato e precisava cumpri-lo. Disse ainda que ele tinha projetos para a minha permanência no clube, mesmo depois que meu contrato como jogador terminasse. Ele me aproveitaria em posição de relevo, ajustada às qualidades pessoais e a minha experiência. E fez uma última tentativa abrindo uma exceção: eu viria ao Botafogo só alguns dias na semana, para treinar, e assim justificar o salário que eles me pagavam.

Não concordei muito com isso. Estava acostumado a receber e em troca dar a minha dedicação e esforço ao clube.

Nessa conversa, disse ainda ao Dr. Ney das minhas mágoas, das injustiças que alguns dirigentes do Botafogo estavam fazendo comigo, quando declararam à imprensa que fizeram um levantamento dos fabulosos contratos que eu havia feito com o clube e o montante que eu havia recebido em 1964. Por isso, foram contra o jogo de despedida, proposto pelos jornalistas, com renda para mim.

Esses dirigentes deveriam ter feito também um levantamento das vitórias, das glórias, dos títulos que eu ajudei o Botafogo a conquistar nos 18 anos de clube e, dos meus três contratos em branco no auge da minha carreira. Agora, por não interessar, eles haviam esquecido que eu sempre fui um profissional com espírito de amador.

Quando a equipe retornou da excursão, em março, vendo que eu me mantinha com a mesma posição de parar de jogar, novos comentários maldosos surgiram.

Magoado e instigado por alguns jornalistas amigos, resolvi enviar uma carta ao presidente do Botafogo pedindo, em caráter irrevogável, a rescisão do meu contrato.

Dr. Ney, muito magoado, me respondeu, com outra carta, pela imprensa. Disse que preferia que eu tivesse ido levá-la pessoalmente, em nome de uma amizade que ultrapassava os limites do clube.

Negou o pedido de rescisão, lembrou o acordo verbal que havíamos feito anteriormente e disse que o Botafogo me concedia, sim, uma licença, por tempo indeterminado, com todos os vencimentos contratuais, por entender que me faltavam, no momento, condições psicológicas para prosseguir minha carreira.

Não existia argumento ou apelo que fizesse com que eu mudasse de ideia. Já havia pensado bastante e a decisão estava tomada. Além disso, eu havia ficado muito chateado com o tratamento que o Botafogo dispensava ao Garrincha. Glória do futebol brasileiro, craque que deu duas Copas do Mundo ao Brasil e muitas alegrias ao Botafogo, agora estava sendo abandonado e tratado como um moleque.

Hoje, analisando os fatos de fora, sem o comprometimento emocional do momento, penso que faria de maneira diferente. É certo que eu me defenderia por achar que as coisas estavam sendo mal conduzidas, mas a entrega da carta, por exemplo, faria pessoalmente em nome da amizade e do apreço que tinha ao Dr. Ney.

Depois de receber a carta da diretoria, fui à tesouraria, com o saudoso Edir, que fez um documento para eu assinar, doando os meus salários dos seis meses restantes à caixinha dos funcionários do clube. E assim foi feito.

Há pouco tempo, fui visitar a sede do Botafogo na General Severiano. Lá, encontrei um antigo funcionário do clube que era do meu tempo, o Zé. Há muito anos eu não o via. Correu em minha direção e disse, para minha surpresa: "Nilton, que saudade. Eu nunca me esqueço de você. Se lembra quando deixou aquele dinheiro para nós? Você nem imagina como foi de grande ajuda para mim". Fiquei até emocionado, já nem me lembrava mais dessa história. Foi interessante, fiz o que queria e tive a oportunidade de ajudar os outros.

Finalmente, no dia 5 de abril de 1965, um grupo de mais ou menos 150 pessoas, entre amigos, jornalistas, políticos, técnicos de futebol, admiradores e jogadores do Botafogo, promoveu um almoço de confraternização na Churrascaria Gaúcha, que marcou definitivamente o encerramento de minha carreira. Muitos discursos e, entre as homenagens, recebi do Sr. Maurício de Carvalho, representante do Ministro do Trabalho, a informação de que seria homenageado por ele, no Dia do Trabalhador, com a

"Medalha do Mérito" — medalha para os que se distinguem no campo do trabalho a serviço da causa pública ou da pátria.

Durante o almoço, o deputado Nina Ribeiro comunicou-me que apresentaria à Assembleia Legislativa do Rio um projeto de lei propondo a troca de nome da Estrada do Dendê, na Ilha do Governador, para Avenida Nilton Santos.

Agradeci todas as presenças, pelas homenagens e pelo apoio. Lembrei aos meus companheiros do Botafogo que, apesar de estar magoado com alguns dirigentes, valeu a pena ter sido um jogador correto, honesto e dedicado ao clube. Disse ainda que o Botafogo nada tinha a ver com a atitude de alguns dirigentes ocasionais. "Os homens passam mas a grandeza do clube permanece".

O Botafogo, além de ter sido o time em que joguei por 18 anos, me deu a oportunidade de fazer muitos amigos, entre jogadores, empregados do clube e jornalistas.

Tenho pelos jornalistas um profundo respeito e admiração. Tenho que agradecê-los por tantas coisas bonitas que escreveram sobre mim. Não sei se fui tão bom quanto eles sempre procuraram mostrar.

Em todas as épocas tive e tenho vários amigos na área. Até hoje tenho muito apoio da imprensa para tudo o que faço ou digo. Gostaria de escrever alguma coisa sobre cada jornalista amigo, do meu tempo de jogador. Como não quero cometer injustiças e deixar alguém de fora, portanto, vou me restringir ao Sandro Moreyra e ao Armando Nogueira, que eram os mais chegados, apesar de não me atrever a escrever sobre o Armando. Não conseguiria retribuir tudo o que ele falou de mim nesse tempo todo. Só quero que todo mundo saiba que ele foi e ainda é o amigo mais sincero que tenho no futebol. O Armando é como um irmão muito querido. Se eu pudesse, daria a ele o que de melhor tenho em mim. O dom de jogar futebol que Deus me deu.

Com Sandro, Armando Nogueira e eu aconteceu uma coincidência muito legal. Quando comecei no Botafogo eles começaram no jornalismo. Posso dizer que crescemos juntos. Tornamo-nos grandes amigos. Casamos mais ou menos na mesma época. Sandro e Léa foram meus padrinhos de casamento. E os filhos Carlos Eduardo, Sandra e Armandinho, do Armando e da Bruneilde, nasceram no mesmo ano.

Com o Sandro eu confidenciava meus problemas, minhas alegrias, e ele sempre me defendia, até nos jornais. Era um amigo de fé para todas as horas.

Muitas vezes, Sandro, Armando Nogueira e eu tivemos nossas noitadas. Coisas de jovens solteiros. Nós não éramos boêmios inveterados mas também não éramos santos. Não tínhamos carro e saíamos pela noite, de bonde, em Copacabana, que na época era o quente. Frequentávamos muitos inferninhos, barzinhos, a *boite* Vogue.

O Sandro era botafoguense e passou a cobrir o clube para o *Diário da Noite,* depois para o *Jornal do Brasil.* O convívio da gente se tornou cada vez maior. Festas, reuniões, viagens, vitórias, derrotas do Botafogo só fizeram mais pela nossa amizade. Sandro era muito sortudo. Foi chefe de delegação do clube por várias oportunidades e, em geral, quando isso acontecia, ganhávamos todas as partidas. Quase sempre voltávamos invictos das excursões. Ele vibrava com os resultados positivos, era mais um nosso torcedor.

Os jogadores do Botafogo eram sempre os melhores. Quando íamos para a Seleção Brasileira, Garrincha, Didi, Paulo Valentim, Quarentinha, Amarildo, Zagalo e eu, ele dizia que era a "selefogo". Caso ficássemos na reserva ele fazia uma onda danada no jornal. Não admitia jogador nosso no banco.

Fizemos, certa vez, uma excursão com o Botafogo ao Peru e à América Central. Sandro foi chefiando a delegação. Dividíamos o mesmo quarto — eu, por ser seu maior amigo, ficava também com a maior responsabilidade, que era a de guardar todo o dinheiro do Botafogo numa bolsa de couro. Isso me deixava apavorado e dizia sempre para ele: "se esse dinheiro for roubado, Sandro, ninguém vai acreditar". Respondia sempre que isso não ia acontecer. Ele confiava demais em mim e na minha sorte, graças a Deus nunca aconteceu nada.

Quando chegamos ao Peru, apareceu após o jogo um padre muito chato, que nos convidou a visitar o colégio dele. Sandro driblou, driblou mas não teve saída, tivemos de ir. Viajamos durante uma hora. Depois de cumprirmos um ritual, demos autógrafos para crianças, adultos — foi muito cansativo — chegou a hora do almoço. Sandro teve de fazer um discurso de agradecimento às palavras do padre. Falou muito bonito, ele era muito inteligente e espirituoso. Ao final, quase nos matou de rir. O Paulo Amaral estava comendo melancia e cuspiu tudo. Terminou o discurso dizendo: "A festa foi espetacular e vou usar um termo que usamos no Brasil quando uma coisa nos agrada muito. Essa festa foi um 'chute nos bagos'". Todos aplaudiram sem entender nada, e nós nos divertimos.

Sandro tinha a maior moral no clube. Nessa excursão, ele dividiu a cota do Botafogo, do último jogo, entre nós.

Numa outra excursão que fizemos à Colômbia, Sandro desentendeu-se com um empresário argentino que queria reduzir a cota previamente estabelecida. Começaram a discutir em espanhol e o Manga perto, sem entender nada, feito um cão de guarda, só prestava atenção e dizia para o Sandro: "Chefe, você quer que eu dê uma porrada nele?". E ele tentando acalmar o Manga respondeu: "Não, Manga, a gente está só conversando". Todo mundo conhecia a fama de brigão do Manga, e ali, uma porrada, só pioraria a coisa. Com diplomacia, inteligência e muito papo, Sandro contornou a situação e acabamos por receber a cota combinada anteriormente.

A vida do Armando tomou rumos diferentes da do Sandro, até porque eles eram pessoas muito diferentes, cada um com seu estilo próprio. Armando foi, entre outras coisas, ser escritor e depois diretor de televisão. Mas sempre foi o mesmo amigo, sempre me deu força, apoio até num momento muito difícil da minha vida, quando me meti a ser comerciante. Quando tudo deu errado ele estava lá para me avalizar e me apoiar. No dia em que entrei no escritório dele na Globo para pagar um empréstimo, ele me abraçou, riu e me disse: "Se você não me pagasse não tinha importância, você já me deu grandes alegrias".

Além disso, há as coisas bonitas que ele escreve sobre mim. Recentemente, fui a uma exposição no Museu Nacional de Belas Artes, na Cinelândia, de telas pintadas por Rubens Gerchman, com textos do Armando. O artista pegou uma característica de cada jogador, pintou a tela e o Armando deu o toque final. Na minha, estava escrito:

"Tu, em campo, parecias tantos,
e, no entanto, que encanto!
Eras um só, Nilton Santos".

Como posso eu, um simples mortal, querer escrever alguma coisa sobre esse poeta?

PERSONAGENS FOLCLÓRICOS DO BOTAFOGO

Conheci muita gente durante o tempo em que convivi no futebol carioca. Pessoas fora das quatro linhas, e alguns valem a pena serem recordados. Como Ximbica, Neném Prancha, Arrepiado, Aluísio e Babão.

• XIMBICA

Ximbica foi o melhor deles. Era maluco e vivia rondando os clubes para fazer amizade com os jogadores, principalmente o Botafogo e a concentração da Seleção Brasileira.

Ele foi o maior penetra que conheci. Tinha muita facilidade de entrar nos lugares, por estar sempre bem arrumado e falar bem.

Era muito engraçado também. Tinha o costume de pedir um sapato pra gente e falava: "Irmão, arranja um sapato para mim?". Eu perguntava: "Que número você calça, Ximbica?". Ele respondia: De 39 a 43, qualquer um serve". Com isso, sempre arranjava um par de sapatos, não ficando nunca descalço.

Ele ia aos teatros e cinemas e entrava na maior cara de pau. Certa vez foi, como fazia costumeiramente, ao cinema Guanabara, em Botafogo, e na entrada dizia ao porteiro: "Imprensa". E entrava sempre. Só que, nesse dia, o porteiro era novato e pediu: "Me mostra a carteira". Como ele não tinha, foi preso. Interrogado pela polícia, se explicou: "Doutor, eu falo imprensa. Ele não imprensa, eu passo".

Uma vez, fui nesse mesmo cinema com uma namorada e, à saída, encontramos o Ximbica. Despistei porque sabia que ele vinha aprontar alguma. Não houve jeito. Tive de falar com ele que, gentilmente, beijou a mão dela, deixando-a meio apavorada por não conhecê-lo. Ele apresentou-se como trapezista de um circo, que estava montado no Mourisco, e nos convidou para assistir ao espetáculo. Eu, como já o conhecia e ri, fui tirando o meu time de campo. Ela ficou intrigada, achando o Ximbica muito gordo para ser trapezista. Quando lhe contei as histórias dele, ela concordou comigo que ele só podia ser maluco mesmo.

Outra boa dele foi no tempo em que no Rio ainda tinha o bonde. Ximbica estava, de madrugada, no final da Marquês de São Vicente, na Gávea, e viu quando o motorneiro desceu do bonde para tomar um café e deixou a chave ligada.

Não teve dúvida: roubou o bonde e deixou o homem maluco gritando pela rua. Só foi pego porque não sabia manobrar, e quando chegou na Praça do Jóquei Clube ficou andando em círculo, até que pegaram ele.

Ximbica sempre nos confessava que a consagração dele mesmo seria roubar um avião. Ele só tinha medo porque sabia que subir era fácil, o problema era saber descer.

Antes da Copa de 1958, ele frequentava a nossa concentração e apostou com vários jogadores e jornalistas, inclusive o Sandro Moreyra, que iria conosco à Suécia. Não é que no dia do embarque ele chegou até a escada do avião? Não fosse a nossa bagunça, quando o vimos lá, ele teria ganho as apostas.

• NENÉM PRANCHA

"Neném" foi o filósofo popular do futebol carioca. Foi técnico de futebol de areia, na praia de Copacabana, do time infanto-juvenil do Botafogo e roupeiro dos aspirantes. Morava no clube e podia ser visto sempre no calçadão de Copacabana fazendo comparações ingênuas e bem humoradas, que acabaram por ficar famosas, sobre o futebol e a vida cotidiana. Algumas delas foram:

"O pênalti é tão importante que quem deve bater é o presidente do clube."

"Jogador de futebol tem que ser igual a sorveteria, ter muitas qualidades."

"Jogador de defesa tem que jogar a bola para cima; enquanto ela estiver no céu, não tem perigo de gol."

"Jogador é o Didi, que joga bola como quem chupa uma laranja."

"O goleiro deve dormir com a bola; se for casado, dorme com as duas."

"Se concentração ganhasse jogo, o time da penitenciária não perdia uma."

"Jogador brasileiro não pode ter problema de altitude, a maioria já morou em favela."

"O futebol é simples, o difícil é querer jogar bonito."

"Bola tem que ser rasteira, porque o couro vem da vaca e a vaca gosta de grama."

"Em time que está ganhando não se mexe."

Certa vez um rapaz encontrou o "Neném" em Copacabana e pediu a ele uma vaga no seu time. "Neném" perguntou: "Em que posição você joga?". E o rapaz, achando que ia agradar, respondeu: "Eu brinco nas 11 seu Neném". "Então, não me serve, meu rapaz, quando alguém brinca nas 11, acaba não brincando bem em nenhuma".

Certo dia, "Neném" foi com o time de infanto-juvenil do Botafogo jogar um amistoso num subúrbio do Rio. Quando lá chegou, percebeu que o campo do adversário só era gramado nas laterais, no meio era careca.

No momento da preleção, ele reuniu o grupo e avisou: "Pelo estado do campo esse time só joga pelo meio. Nós vamos jogar bem abertos pelas pontas e vamos ganhar deles". Não deu outra. O Botafogo goleou o time adversário.

No Botafogo, certa época, apareceu um centroavante, que era sargento do Exército, chamado Perivaldo. Logo de início, o Neném cismou com esse rapaz, profetizando: "Esse cara não joga nada. Jogador de futebol tem que ter ombro feito 'garrafa', caído. Ele parece um robô".

A gente ria, mas era preciso concordar com ele. Perivaldo tinha os ombros altos e retos e os braços pareciam colados no corpo. Uma figura até engraçada.

• ALUÍSIO E BABÃO

Aluísio — roupeiro do Botafogo — sempre arranjava, pelas ruas, alguém que necessitava de auxílio e levava para ser seu ajudante no clube. Foi assim com o Babão. Uma figura muito engraçada. Ele era sempre bronco e gaguejava, mas tudo enrolado. Ninguém entendia nada. Quando um jogador, com o qual ele não simpatizava, chegava ao vestiário e pedia chuteira, meia ou camisa ele abaixava a cabeça e rosnava: "não joga nada, não sei para que quer material". A gente levava um tempo para entender o que ele havia dito.

Com o passar do tempo, o Aluísio descobriu que o Babão estava bebendo. Deu-lhe uma bronca e disse que, se não parasse, teria de sair do clube.

Numa tarde, o Aluísio entrou num bar perto de General Severiano e viu o Babão lá dentro, que, é claro, já tinha pedido uma "branquinha". Decidiu sentar-se um pouco perto dele, para sentir a barra. Logo depois, vem o garçom com um copo de cachaça na bandeja. O Babão ficou indignado, deu o maior esporro nele, dizendo: "Quem foi que pediu isso? Tá maluco, servindo coisa sem a gente pedir?". O Aluísio entendeu tudo e viu que não tinha outro jeito a não ser dispensar o ajudante.

Estou falando de personagens, mas o Aluísio também era uma figura extraordinária. Nós fomos grandes amigos. Eu gostava muito dele.

Aluísio morava perto do clube, e nas horas de folga eu ia para a casa dele. Ele também gostava de mim e achava que eu era um dos melhores jogadores do clube, mas que era simples. Não tinha máscara. E, com isso, me colocava de exemplo para todo mundo. Quando alguém reclamava com ele que a meia tinha rasgado, ou o calção não estava legal, ele logo respondia: "Olha o Nilton Santos. Joga com meia rasgada e tudo o mais, é um craque e não reclama. Quem é craque não precisa de uniforme novo, joga de qualquer jeito. Você não joga nada e está aí todo mascarado. Coloca qualquer uma e vai para o treino, rapaz".

Só que um dia, eu também tomei uma bronca dele. No meio de um jogo, o cadarço da minha chuteira arrebentou. Fiz sinal para o Aluísio me trazer outra chuteira. Ele veio correndo e me trouxe a do Amauri — era goleiro, além de calçar 43, pisava todo torto — aí eu disse: "não vai dar, Aluísio, a do Amauri, não, eu calço 41 e não piso torto". Ele virou e respondeu: "Ué, tá ficando mascarado também?". Não teve jeito, tive que rir e terminar o jogo com aquela "banheira" no pé.

Outra dele foi numa partida amistosa que fizemos em Bagé. Um frio danado, ele esqueceu as camisas de mangas compridas e eu reclamei, ainda no vestiário. Ele me disse: "Você não pode reclamar, não, você é meu amigo. Cala a boca que esqueci as outras camisas". Tive de ficar de exemplo mais uma vez, só que dessa vez, morrendo de frio.

A meu ver, o Aluísio só tinha um defeito: era viciado em jogos, corridas de cavalo, baralho. Numa excursão que o Botafogo fez ao Peru e à América Central, ele veio conversar comigo e me fez prometer que eu guardaria o dinheiro que ganhasse de bicho".[1] Estava com uma casa em vista e precisava comprá-la. Não gostei muito da ideia, era muita responsabilidade, mas, por amizade a ele, topei.

Foi uma excursão longa e com muitas vitórias consequentemente, com muitos bichos. Ia treinar preocupado, levando a chave da mala. De vez em quando, alguém me perguntava: "Nilton, você está guardando o dinheiro do Aluísio?". Eu, sem entender, respondia que sim. Passei por maus pedaços, até que chegamos ao Galeão e, eu aliviado, entreguei o dinheiro a ele. Foi o maior "avanço". Todos correram para receber seus pagamentos. Ele não pegava dinheiro comigo, mas pediu emprestado a toda a delegação. Nesse dia, confesso, fiquei danado: eu, correndo o risco até de ser roubado e ter de pagá-lo, e ele não cumprindo o trato.

Mas eu gostava muito dele e sofri muito com a morte triste que teve. Ele era diabético e foi amputando pedaços das pernas e braços até morrer. Cheguei a ir vê-lo, por várias vezes, no hospital.

• ARREPIADO

Arrepiado era um "figuraço". Só se vestia de terno e gravata, falava bem e andava com uma mala na mão. Quando entrava no clube, todo mundo ficava de orelhas em pé. Ele costumava inventar coisas dos jogadores e saía espalhando. Para você desmentir o boato, era difícil.

Arrepiado foi também conhecido como o "homem da mala".[2] Diziam que ele comprava jogadores.

---

1 Gratificação distribuída aos jogadores e à Comissão Técnica em virtude de um resultado favorável.

2 São pessoas no futebol, encarregadas de subornar jogadores para influir nos resultados dos jogos.

Certo dia, ele foi a São Paulo assistir ao casamento de uma irmã. Quando chegou à rodoviária, foi preso. Havia sido denunciado por alguém de que iria comprar jogador no Coríntthians para atrapalhar a decisão do campeonato.

Não sei se esses acontecimentos são verídicos, porque ninguém nunca tentou me comprar. Mas, esse boato corria no Botafogo e todo mundo tinha medo dele.

SELEÇÕES BRASILEIRA E CARIOCA

A primeira vez em que fui convocado para a Seleção Brasileira foi em 1949, no Campeonato Sul-Americano, disputado no Rio de Janeiro, no campo do Vasco da Gama, e em São Paulo, no Pacaembu. O treinador da Seleção Brasileira era o Flávio Costa, o "dono do futebol brasileiro" — ele falou, estava falado. Era também o técnico da Seleção Carioca. E, quando não era técnico do Vasco, era do Flamengo. Ele era absoluto. Não existia comissão técnica, preparador físico, nada disso. Existia apenas um assistente técnico, o Vicente Feola. O massagista era o Mário Américo e o médico, o Doutor Giffoni.

Fui convocado sentindo ainda uma contusão, a mais séria da minha carreira: um deslocamento do "ilíaco".[1] Cheguei a ficar internado, por alguns dias, no Hospital dos Acidentados, sob os cuidados do Dr. Mário Jorge. Usei colete, fiz de tudo. A contusão foi realmente séria, mas a verdadeira razão pela qual não joguei ficou esclarecida mais tarde, na minha nova convocação para o Campeonato do Mundo de 1950, até porque, no Sul-Americano, fui convocado para a reserva do Augusto, que era lateral direito — eu esquerdo — e ainda o capitão do time. Cada detalhe que surgia, tornava mais impossível a minha escalação.

Só disputei um jogo. Foi contra a Colômbia, em que o Brasil ganhou de 5X0, assim mesmo só no segundo tempo. Fomos

1 Osso pertencente à bacia.

campeões e esse foi um título festejadíssimo porque o último Sul-Americano havia sido conquistado pelo Brasil em 1922.

A Taça Oswaldo Cruz foi outro torneio que disputamos pela Seleção Brasileira contra a Seleção do Paraguai. Apesar de o torneio ser oficial, os jogos foram também preparatórios à Copa do Mundo de 1950. Os jogos foram disputados em São Paulo e no Rio. Estava estabelecido que no jogo de São Paulo jogava eu. No jogo do Rio, o Píndaro. Quando chegamos ao Rio, o Flávio Costa me escalou novamente, talvez por gostar menos ainda do Píndaro. O jogador pegou a mala e foi embora. Eu faria a mesma coisa.

Veio a Copa Rio Branco e vencemos também. Nesse torneio, ganhamos do Uruguai por 1X0 e isso só fez aumentar a euforia e a expectativa de todos, no país, para a Copa do Mundo, que já estava bem próxima. O Maracanã estava ficando pronto. Tudo preparado e acelerado para o Brasil ser o novo campeão do mundo.

Fui campeão brasileiro, ainda em 1950, pela Seleção Carioca. O time foi composto pela equipe do Vasco, Campeã Carioca, inclusive com o treinador Flávio Costa, Zizinho e Juvenal, do Flamengo, e eu do Botafogo.

Quando falo em Seleção Carioca, sempre me lembro do Mirim — meio-campo do Fluminense —, ignorante como ninguém. Certa vez, fomos jogar pelo Campeonato Brasileiro, em Recife. Como sempre acontecia, o Mirim sentava ao meu lado no avião — claro, que de encomenda para me perturbar —, pois todos sabiam o pavor que eu tinha de avião — costumava comentar que, para mim, o avião era o adversário mais difícil de marcar — mas, o Mirim, enquanto eu mordia a medalha de São Judas Tadeu e rezava, dizia: "Se existe Deus, vai jogar essa merda no chão". Eu ficava indignado e falava: "Que absurdo, Mirim, você é um cara que tem família, como é que fica falando essa bobagem?". Ele me respondia com o maior cinismo: "Isso mesmo, Nilton, é por eu ter família que falo. Já pensou, se esta merda cair eles recebem um dinheirinho". Depois dessa, eu não tive mais argumento.

Nessa mesma viagem, quando chegamos a Recife, fomos homenageados pelo governador com um jantar. Ao sentarmos à mesa, Mirim pegou o talher de peixe e falou baixinho: "Colocaram isso aqui achando que eu não sei para que serve". Eu rapidamente respondi: "É lógico que você não sabe". "Sei, sim, é para a manteiguinha".

Dois anos depois da tragédia do Campeonato do Mundo de 1950, fomos campeões pan-americanos no Chile.

A seleção foi toda modificada: comando técnico, preparação e até sistema de jogo. O treinador foi o Zezé Moreira. O time base foi: Castilho, Pinheiro e Nilton Santos; Djalma Santos, Brandãozinho e Bauer; Julinho, Didi, Baltazar, Pinga e Rodrigues.

Esse time encantou os chilenos. Fora um empate com o Peru, todos os outros resultados foram positivos para o Brasil. No jogo com o Uruguai, que ganhamos por 4X2, nos sentindo vingados por 1950. A decisão foi contra os donos da casa, os chilenos, e também ganhamos por 3X0. A seleção brasileira conquistava, assim, o primeiro título fora do país.

Chegando ao Brasil, foram muitas festas, comemorações e, dentre os festejos oficiais, fomos recebidos pelo então presidente Getúlio Vargas, por quem fomos condecorados com uma medalha de Honra ao Mérito.

Em 1955, fomos campeões da Taça Bernardo O'Higgins, no Rio de Janeiro.

Em 1956, fizemos a primeira excursão com a Seleção Brasileira à Europa. Antes, a Seleção só havia ido à Europa para disputar a Copa de 1954. O objetivo maior era de nos adaptarmos mais ao futebol jogado por lá, já que as participações do Brasil nas copas tinham sido duramente criticadas até aquele ano. A mudança principal seria na maneira de jogar. Chegaram a definir os times assim: "infantil em 30; imaturo em 34; inexperiente em 38; otimista exagerado em 50 e altamente tenso em 54".

Nessa excursão, jogamos contra Áustria, Portugal, Suíça, Tchecoslováquia, Itália, Turquia e Inglaterra.

Quero comentar, em especial, o jogo contra a Inglaterra, em Wembley, porque, à época, chegaram a dizer que o ponta direita inglês, Stanley Mathews — o maior jogador da Europa naquele momento, já com 41 anos — me deu um passeio. Não quero e nem preciso justificar nada, até porque, se ele era o melhor da Europa, menos feio. Pior se fosse um jogadorzinho qualquer.

Ele era um jogador maravilhoso para os padrões deles. Muito rápido, apesar da idade avançada, e centrava muito bem. Eles não conheciam nada melhor, por isso deslumbraram-se ao ver o Mané jogar dois anos depois.

Eu queria jogar contra ele, num time com uma defesa certinha todos os dias. O que não queria, e fui obrigado a fazer a vida inteira, foi jogar contra os nossos pontas direita que, além de tudo, eram extremamente habilidosos: Julinho, Joel, Sabará, Cláudio, Maurinho e, principalmente, Garrincha.

O que aconteceu, na realidade, foi que o nosso time estava entrosado e vínhamos ganhando ou empatando com todo mundo. Nesse jogo, o Flávio Costa, treinador — "sempre o Flávio, não dei sorte com ele" —, resolveu mudar tudo. Mudando assim, a Seleção desentrosou-se toda. Tirou o De Sordi e colocou o Pavão. Tirou o Roberto Perlingeiro — um meio-campo do Coríns, muito bom — colocando o Dequinha — que era um jogador clássico, mas frágil, e os ingleses o derrubavam a toda hora. O Pavão, sem condições físicas, chegou ao ridículo num ataque deles, foi recuando, recuando e acabou por cair de bunda no chão. O inglês passou de passagem e, sem chances para o goleiro, fez outro gol.

Gilmar, coitado, levou quatro gols. Em compensação, defendeu dois pênaltis. Não fosse ele o grande goleiro que era, levaríamos de mais.

A partir daí, com essa lição, o Brasil voltou-se para a necessidade de ter quatro homens na defesa para melhor guarnecê-la. Na Copa de 1958, já jogamos assim: quatro — três — quatro.

O Pavão estava tão infeliz nessa excursão que no jogo contra a Seleção da Turquia, em Istambul, num drible que dei no ponta direita deles, passei o pé em cima da bola, e quando voltei, o Pavão pensou que eu tinha deixado a bola para ele e chocou-se comigo. Foram os dois para o chão, por sorte o turco veio e chutou para fora. Fui reclamar com ele: "Puxa, Pavão, eu só sei fazer isso e você ainda me atrapalha?". Ele respondeu: "Não sei jogar com você, não, eu estou acostumado a jogar é com o Jadir". Esse jogo ganhamos de 1X0, gol do Djalma Santos.

Em 1957, em Lima, aconteceu o Campeonato Sul-Americano. O jogo contra o Uruguai, para variar, foi uma pancadaria. Eu me lembro que estávamos ainda no vestiário, e o Paulo Amaral calçou uma luva de goleiro. Perguntado por que fazia aquilo, ele disse: "Contra o Uruguai a gente precisa se precaver". Eles estavam ganhando o jogo 2X1, quando o Paulo Valentim fez o segundo gol, eles começaram a dar porrada até criar um problema maior. Eu me machuquei e o Coronel entrou no meu lugar. Paulo estava certo, acabou virando uma guerra.

No meio da confusão, o Mário Américo pegou a cabeça do Carbágio — meio-campista do Nacional — prendeu debaixo do braço e, não achando, sei-lá-o-quê no cinturão de massagista, acabou por jogá-lo no chão. Nesse momento, veio de lá o Coronel, e chutou a cabeça dele. O Carbágio foi para o vestiário, amarrou uma espécie de turbante na cabeça e voltou para jogar. Depois, no final, eles fizeram o terceiro gol e ganharam.

Ganhamos do Chile, do Equador, da Colômbia e do Peru. Perdemos para o Uruguai e a Argentina. Ao final, fomos vice--campeões sul-americanos.

COPAS DO MUNDO

• COPA DE 1950

Saiu a convocação dos jogadores pela Confederação Brasileira de Desportos — CBD — e, mais uma vez, o meu nome estava na lista. O time-base foi: Barbosa, Augusto e Juvenal; Bauer, Danilo e Bigode; Friaça, Zizinho, Ademir, Jair e Chico. Só que não joguei nenhuma partida. Eu já sabia disso. O Flávio não gostava do meu estilo de jogo. Já no Sul-Americano, ele implicou com a minha chuteira.

Na apresentação, Flávio Costa pediu para ver a minha chuteira e comentou: "Sua chuteira tem o bico muito mole para ser de um beque". Argumentei que tinha sido convocado por ele, com o futebol que jogava com aquela chuteira. Não foi o bastante, ele retrucou: "Beque meu joga com chuteira de bico duro e não dribla. E na hora do 'bico'?". Não tive mais argumentos, pois não tinha a tal hora comigo. Eu não sabia chutar de bico. Na época, todo jogador de defesa usava esse recurso. Só que eu, talvez por não gostar de jogar na defesa, não aprendi a dar de "bico"[1]. Por isso, fiquei na reserva, com o protesto do Zizinho, que era meu incentivador e achava que eu deveria ser o titular porque sabia tocar bem a bola.

Só jogava nos treinos coletivos. Nos treinamentos, só dava eu e o Nena — um beque central do Internacional de Porto Alegre. Ele gostava de mim e me chamava de menino. Às vezes, dizia as-

1 Chute forte, sem precisão, com o bico da chuteira.

sim: "Como é que você está, menino?". Eu dizia: "Estou bem". E ele: "Então, vamos engrossar o treino?". E não tinha para ninguém.

O Nena era muito bom. Se ele jogasse como titular no lugar do Juvenal, tenho certeza de que nós não teríamos perdido para o Uruguai. No lance do gol do Gigia, todo mundo culpa o Bigode. Falaram até que ele levou um tapa do Obidúlio Varela — o capitão uruguaio — e que isso fez com que se desestruturasse. Eu, particularmente, acho que foi mais falha do Juvenal. Todo jogador de defesa pode ser driblado, como aconteceu com o Bigode, e, nesse caso, o beque central tem que vir na cobertura do lateral. Isso não ocorreu naquele jogo, até porque o Bigode perdeu a bola quase no meio do campo e dava tempo demais para o Juvenal fazer a cobertura. O Bigode gostava muito de dar "carrinho"[2]. Quando o carrinho dá certo, tudo bem, mas quando não se pega nem a bola, nem o adversário, o jogador fica no chão. Foi o que aconteceu com ele e, quando se levantou, o Gigia, sem combate, já estava dentro do gol, sem chances para o Barbosa. Ele que foi injustamente, a meu ver, também responsabilizado pela derrota.

Não houve preparação psicológica. Era só euforia. Na semana do jogo, já éramos os campeões. Ganhamos "permanente"[3] de cinemas e teatros. Foi uma concentração agitada, com muitas visitas, festas, fotografias, entrevistas, muito "já ganhou". Trocamos a tranquilidade da concentração no Joá pela agitação de São Januário.

Na preleção, houve, por parte do treinador, muita recomendação de que nosso time só jogasse na bola. Que ninguém entrasse duro em ninguém.

2 Lance em que o jogador desarma o adversário e atinge a bola, atirando-se ao chão e deslizando como se estivera sentado ou parcialmente deitado.

3 Carteiras vitalícias que davam direito a assistir, de graça, filmes ou peças de teatro.

Flávio Costa era muito político. Quando a Copa começou, o primeiro jogo foi no Maracanã, contra o México, e ganhamos por 4X0. Já o segundo era no Pacaembu, contra a Suíça, e ele, contrariando o "Neném" Prancha — o filósofo do futebol que dizia "em time que está ganhando não se mexe" — trocou a equipe, colocando os jogadores de São Paulo somente para agradar aos paulistas. Resultado: empatamos de 2X2. E assim foram sucessivos erros que acabaram por derrotar a todos os brasileiros.

Mas, como há males que vêm pra bem, o Brasil perdeu a Copa de 1950 e, com a derrota, caiu junto um mito de uma etapa do futebol brasileiro: Flávio Costa. Eu costumo dizer que fiquei mais triste de o Brasil ter perdido pelos jogadores, principalmente Zizinho, Danilo, Ademir e outros que mereciam ser campeões do mundo. Mas, se o Brasil ganhasse em 1950, talvez nunca mais tivéssemos outro campeonato, porque o equívoco seria mantido.

O único fato que aliviava um pouco o clima tenso da concentração era a presença do Ximbica — o maior penetra que já conheci. Ele era "matusquelo"[4], vivia no Botafogo e nas concentrações da Seleção Brasileira. Era um gozador. Quando estávamos concentrados no Joá, ele pegou um táxi no Leblon e disse para o motorista português: "Me leva na concentração da Seleção Brasileira, sou o Dr. Giffoni, o médico da Seleção, e preciso examinar os jogadores". O motorista não conversou, obedeceu. Levou-o até lá, estacionou na porta e ficou esperando, a pedido do próprio passageiro.

Lá dentro, o Ximbica conversou com todos, brincou, almoçou, enfim, passou um dia bem agradável. Quando resolveu ir embora, saiu por uma porta que tinha nos fundos.

4 Pessoa maluca, amalucada.

Já era noite e o motorista resolveu perguntar, na portaria, se o Dr. Giffoni não ia mais embora. Aí foi aquele auê. O médico não tinha aparecido na concentração naquele dia. Então, alguém resolveu pedir ao motorista que descrevesse o tal "Dr. Giffoni". Não deu outra, era o Ximbica. Com pena do português, o Flávio Costa mandou pagar a corrida, mas baixou outra ordem: "Fica terminantemente proibida a entrada dele na concentração".

Dias depois, o Ximbica voltou, junto com o pessoal da rádio Tupi, carregando os fios dos equipamentos. Quando o Flávio correu para tentar impedir sua entrada, foi logo escutando dele: "Dá licença, hoje não, seu Flávio, hoje eu estou trabalhando". E, claro, o Flávio não pôde fazer nada.

• COPA DE 1954

Embarcamos para a Suíça com a obrigação de trazer a Copa e de vingar 1950. Até o presidente da República, na véspera do embarque, nos recebeu e disse: "Se perderem, quem perderá é o Brasil, se vencerem, será do Brasil a vitória".

A delegação brasileira foi chefiada pelo ministro João Lyra Filho. O técnico era o Zezé Moreira, o massagista, Mário Américo, o roupeiro, Aloísio Oliveira, o cozinheiro, Laudelino Oliveira, e o médico, Newton Paes Barreto. O plantel básico era: Castilho, Djalma Santos, Pinheiro e Nilton Santos; Brandãozinho e Bauer; Julinho, Didi, Baltazar, Pinga e Rodrigues.

Essa Copa, na Suíça, foi o paraíso das compras para os dirigentes brasileiros. Ninguém se preocupava com os jogos ou jogadores, com o agravante de a chefia da delegação não conhecer sequer o regulamento da Copa.

Em alguns dias, vinha uma ordem: fica proibida a entrada de jornalista e radialista na concentração. Ninguém sabia de onde ou de quem a ordem tinha partido. Então, ficávamos totalmente isolados. Era um local ermo, frio e afastado da cidade. O restaurante também ficava distante, íamos caminhando para fazer as refeições.

Num desses dias de proibição, estávamos treinando quando apareceu na pista a Guiomar — mulher do jogador Didi. Ficamos parados, e eu pensei: vai dar uma confusão danada. E não deu outra. O representante da CBD foi conversar com ela e convenceu-a a voltar para a cidade. Didi, chateado por não ter podido falar com a mulher, decidiu fazer greve de fome. Ele ficava deitado, fumando e olhando para o teto. Eu, como seu companheiro de clube e de quarto, decidi amenizar a situação. Pensei e fui conversar com ele: "Didi, você está aqui para treinar e jogar, consequentemente queimar carvão. Se você não se alimentar, não vai aguentar. Apoio você, não conto a ninguém, mas vou começar a roubar comida no restaurante e trazer para você".

Assim eu fiz. Tinha um casaco bem grande de frio e colocava nos bolsos bife, batata frita, pão, garrafinhas de leite e até sobremesa, tudo enrolado no guardanapo. Cada jogador tinha um envelope nominal com o guardanapo dentro. Eliminei o meu envelope e colocava comida dentro. Depois, eu sempre brincava com ele: "Daqui pra frente, você não pode botar banca comigo, eu matei sua fome".

No primeiro jogo contra o México, ganhamos por 5X0. O segundo, contra a Iugoslávia, foi um jogo duro. Empatamos de 1X1. Gol de Didi, com passe meu. Na prorrogação, eles já sabiam que, com o empate, estávamos classificados, nós e eles. Nós não sabíamos disso, nem jogadores, nem dirigentes.

O meia direita deles, Tchaikowski — que eu já conhecia porque o Botafogo tinha jogado contra o time dele — fazia gestos com os dois dedos indicadores levantados e tentava falar em espanhol que o empate estava bom. Eu, pensando que o gringo queria me sacanear, continuava correndo feito um louco à procura do segundo gol. O desgaste foi tamanho que perdi quatro quilos e meio nesse jogo.

Na volta para a concentração, estávamos todos abatidos e exaustos. Um silêncio tomava conta do ônibus. Na estrada, uma família nos parou e convidou-nos para um lanche. Alguns desceram, outros não.

À noite, na concentração, chegou a notícia. Alguém da CBD entrou correndo e avisando: "Não estamos fora ainda. Conseguimos nos classificar, e o próximo jogo será contra a Hungria", o bicho papão do campeonato.

Não tínhamos mais clima, até mesmo porque só tinham se passado dois dias e o time da Hungria parecia imbatível. No vestiário, foi pior. Alguém pediu a palavra e nos alertou: "Hoje, vocês vão entrar em campo e vão vingar os nossos mortos de Pistoia". Até aquele momento, achávamos que estávamos ali para disputar uma Copa do Mundo, não sabíamos que íamos para a guerra, até porque a arma que tínhamos eram nossos pés e a bola, não tínhamos fuzis. Na entrada do túnel, pasmem, tivemos de beijar a Bandeira Nacional. Quem não o fizesse, seria estigmatizado pelo grupo, era comunista.

O time entrou nervoso, despreparado e levou quatro gols. Maurinho — ponta direita do São Paulo — e Humberto — centroavante do Palmeiras — foram expulsos. Numa subida que eu costumava dar pela lateral, tentei cruzar a bola e o húngaro Boszik começou a dançar na minha frente, eu o atropelei e o joguei no chão. Resultado: fui expulso também.

No vestiário, jornalistas e locutores faziam comícios de desagravo, culpando os jogadores pela derrota, chegando a nos enervar mais ainda, alguns já entregues ao desespero. Foi o único momento em que vi o Dr. João Lyra Filho falar mais alto. Pediu para que o locutor se calasse, e dirigindo-se a nós, paternamente disse:

"Retirem-se, rapazes, com o coração leve de quem cumpriu o dever". Única voz realmente amiga que tivemos naquele momento.

Perdendo este campeonato, sofri uma grande desilusão, mas, em troca, conheci um grande homem, João Lyra Filho.

Mais uma vez, voltamos para o Brasil envergonhados e derrotados.

• COPA DE 1958

Aqui começou uma nova era do futebol brasileiro, em nível de seleção. A CBD, dirigida por João Havelange, formou uma Comissão Técnica chefiada por um homem pequeno, mas só no tamanho, porque na capacidade de organização era um gigante: Paulo Machado de Carvalho. Graças a essa organização, fomos campeões mundiais.

A delegação brasileira, campeã do mundo na técnica e na disciplina, foi composta por:

Chefe: Paulo Machado de Carvalho
Secretário: Abílio Ferreira D'Almeida
Tesoureiro: Adolpho Marques Júnior
Delegados ao Congresso: Luiz Murgel e Paulo Costa
Supervisor Técnico: Carlos Nascimento
Observador Técnico: Ernesto Santos
Assessor: José de Almeida
Técnico: Vicente Feola
Preparador Físico: Paulo Amaral
Médico: Hilton Gosling
Psicanalista: João Carvalhaes
Dentista: Mário Trigo
Massagista: Mário Américo
Roupeiro: Francisco de Assis
Cozinheiro e Sapateiro: Aristides

Jogadores: Gilmar, Castilho, De Sordi, Djalma Santos, Bellini, Mauro, Nilton Santos, Oreco, Dino, Zito, Orlando, Zózimo, Garrincha, Joel, Didi, Moacir, Vavá, Mazola, Pelé, Dida, Zagalo e Pepe.

Na convocação da seleção, eu estava na reserva do Oreco. Nos treinamentos, acabei provando me encontrar em melhor fase que ele e conquistei a vaga. Havia muita pressão por parte da imprensa gaúcha — sua terra natal — e paulista para a escalação do Oreco. Havia também pressão de um deputado, Mendonça Falcão, que era ligado ao Coríntians, clube em que Oreco jogava, para que ele fosse o titular. Tanto que, quando voltamos campeões, recebemos uma homenagem em Porto Alegre, até com cachê, e me recusei a ir. Sabia que, no fundo, tinham torcido contra mim.

Uma semana depois, tive de ir a Porto Alegre, agora com o Botafogo. Ao desembarcar, toda a imprensa veio em cima de mim, querendo saber a quem eu passaria o bastão — eu tinha declarado, dias antes, que iria parar de jogar na Seleção. Então, me fiz de desentendido e respondi: "Por que essa pergunta? Vocês têm algum parente ou conhecem alguém que joga na minha posição? Se tiverem, avisem a ele que vou jogar o bastão para cima, pois não o recebi de ninguém, e que fique esperto para pegá-lo".

Essa delegação foi muito contestada pela imprensa brasileira, achavam que era muito grande. As críticas começaram ao presidente da CBD, eleito naquele ano, João Havelange. Alegavam que ele era um homem com o passado ligado à natação e ao *water-polo*. Mais tarde, ninguém pôde negar-lhe o mérito da organização instalada no futebol brasileiro, enquanto foi presidente. Questionavam também para que um preparador físico, um psicólogo, um dentista, um observador técnico, um tesoureiro, além, é claro, dos convidados. Era, enfim, uma delegação enorme. E será que valeria a pena?

Nunca a ciência pesquisara tão fundo para descobrir o porquê de o time brasileiro ter bons jogadores, mas não conseguir se superar em campo, não conquistar nenhum título mundial. Será que os nossos atletas eram covardes? Relatórios médicos foram feitos, sigilosamente, para a CBD. Chegaram à conclusão de que o problema brasileiro estava na alma dos jogadores, que eram muito nostálgicos, sentiam muita falta de casa, da comida, principalmente os negros, que eram emocionalmente mais instáveis. Portanto, o time na estreia da Copa deveria ser o mais branco possível.

Apesar de toda essa organização, a descrença da imprensa e do povo, em geral, era grande.

Chegamos à Europa sem alardes e fora da lista dos favoritos.

Conforme os relatórios determinavam, o time que estreou contra a Áustria foi: Gilmar, De Sordi, Bellini, Orlando e Nilton Santos; Dino e Didi; Joel, Mazzola, Dida e Zagalo. Mais escurinhos, só Didi e Dida, porque eram de pele mais clarinha que seus reservas Pelé e Moacir.

Passamos pela Áustria. Ganhamos de 3X0. Dois gols de Mazzola e um meu. Eu fui do tempo em que defensor só defendia e atacante só atacava. Nós, da defesa, só podíamos chegar até o meio do campo. Era uma trincheira, ali parávamos e entregávamos a bola para o atacante ou para um jogador do meio de campo. Entretanto, como eu tinha a tendência de atacar e muita noção de espaço, subi, achei que dava, passei a bola para o Mazzola, corri e a pedi de volta. Ele hesitou, mas, com o meu segundo grito, resolveu devolvê-la e fiz o gol, apesar dos protestos do banco. Dizem que o Feola gritava feito louco: "volta, Nilton, volta", e que depois do gol, gritava: "boa Nilton, boa".

O segundo jogo foi contra a Inglaterra. Tivemos aí uma substituição: o Vavá entrou no lugar do Dida. Foi um jogo duro porque a Inglaterra defendia mais do que atacava e isso criou dificuldades. Os grandes destaques do jogo foram exatamente os goleiros: Gilmar e McDonald.

O ataque brasileiro não era criativo. O Joel, ponta direita, por exemplo, era um ponta de características previsíveis, normais como os outros. O Garrincha é que destoava de todos. Mazzola já estava com a cabeça fora da Copa, já pensava em sua transferência para a Itália, logo após o Mundial, onde ganharia muito com a transação e, talvez, desconcentrado, acabou por perder um gol feito. Acabamos ficando com um suado e frustrante empate de 0X0.

A Comissão Técnica se reunia quase diariamente conosco, tudo era colocado por eles: formas de conduta, regras, horários, tudo. Tínhamos também liberdade de opinar, de sugerir e até de reclamar, caso não gostássemos de alguma coisa. Eles eram disciplinadores, mas democráticos. Sabiam que não eram os donos da verdade, e quando uma decisão era tomada, ninguém descobria de onde tinha saído a palavra final, era sempre a voz da Comissão.

Paulo Machado era fantástico e pensava em tudo. O importante, para ele, era fazer com que nós, os jogadores, não nos sentíssemos novamente como soldados na guerra, como foi em 1954. Era mostrar-nos que a honra do país não estava em jogo a cada momento. O melhor era ter uma delegação descontraída, unida e informada de que a pátria não está em jogo numa partida de futebol. Ninguém foi obrigado a beijar a bandeira e nem foi cobrada a responsabilidade com a imagem do Brasil, caso houvesse uma derrota. Aliás, não se falou em derrota, nem se cantou vitória antecipada. As suas preleções sempre terminavam da mesma forma, firme e otimista: "viemos aqui para ganhar e vamos ganhar".

Com a liberdade que nos davam, resolvemos nos reunir com a comissão e colocar que aquele não era o time ideal. Tínhamos melhores jogadores na reserva que precisavam entrar daqui para a frente, se quiséssemos ser campeões mundiais.

Citamos três nomes em especial: Garrincha, Zito e Pele. Sairia o Dino para a entrada de Zito — que era o capitão do Santos, mais líder, sabia destruir bem e entregar para o Didi construir melhor ainda. Sairia Mazzola e o Vavá seria deslocado para o seu lugar e entraria o Pelé na posição do Vavá. A escalação do Garrincha era indiscutível para quase todos. Apoiada até pelo titular Joel, que achava que o Garrincha estava em melhor fase que ele. Mas, diziam que tinha dois votos de peso, contrários, na Comissão Técnica; achavam que um era do Feola e o outro, com certeza, era do professor Carvalhaes.

Dizem que o Feola não gostava do Garrincha porque antes da Copa fizemos um amistoso contra o Fiorentina, em Florença, que era a despedida do Julinho. Garrincha driblou a defesa adversária toda, inclusive o goleiro, e ainda, achando pouco, ao invés de fazer o gol, voltou driblando todo mundo de novo. Teve até um beque deles que vinha na corrida e, sem esperar, foi driblado pela ginga de corpo do Mané, acabando por se arrebentar contra a trave. Só depois de fazer um carnaval com os italianos, Garrincha resolveu afundar-se na rede com bola e tudo. Diziam que a Comissão o achou irresponsável, comentavam inclusive que "futebol é coisa séria e esse rapaz não joga com seriedade", por isso, não queriam escalá-lo.

Paulo Amaral contestou a Comissão, já que conhecia o Mané do Botafogo. E tentou explicar o fenômeno Garrincha, dizendo que ele não fazia aquilo por deboche. Era o jeito dele de jogar futebol. Mas, mesmo assim, não foi ouvido.

Quanto ao professor Carvalhaes, ele achava que o Garrincha não tinha condições de jogar porque não passava nos testes psicotécnicos aplicados por ele. Eu conversava muito com o professor, explicava que o Mané só sabia jogar futebol e estava ali na Suécia para isso. Não tinha jeito de convencê-lo, porque, em compensação, de futebol o professor não entendia nada. Quando era dia de teste, eu tinha sempre a preocupação de ir antes do Garrincha para ver como era, depois transmitir a ele. Um desses testes era você desenhar um boneco, dar vida a ele, contando uma história. Eu saí e disse para o Mané: "Olha, você vai desenhar um boneco qualquer e vai contar uma história dele. Como você é caçador, não terá problemas. Inventa que ele está caçando, pegou um bicho, enfim, vai lá e faz direitinho". Dei as dicas e fiquei torcendo do lado de fora da porta.

O Garrincha foi, desenhou um boneco "tipo criança de primário", com uma cabeça enorme e troncos menores, todo desproporcional. Quando o Carvalhaes perguntou: "Quem é esse boneco? Dê vida a ele", Mané olhou, olhou e falou: "êh, parece o Quarentinha!". Este era um jogador do Botafogo que tinha a cabeça muito grande. O professor saiu e disse para mim: "É, Nilton, não tem jeito, o homem é horrível, não vai passar nunca e não posso liberá-lo para a escalação".

Depois da reunião com a Comissão, não nos interessou saber de quem foi a palavra final. O importante é que eles entenderam que precisavam mudar o time. Mudaram e nós fomos os campeões.

Quando tive certeza da escalação do Garrincha, fui até o seu quarto. Ele estava ouvindo um disco do Raul de Barros, e falei: "Mané, sabe que os homens vão te botar para jogar?". E ele: "Vão nada, se eu soubesse, nem vinha. Era melhor eu ter ficado lá em Pau Grande, pelo menos estava jogando minhas peladas. Vim até aqui só para ver os outros jogarem?". Tornei a falar: "Não, Mané, pode se preparar que você vai entrar, estou te garantindo isso. Vê bem como é que você vai jogar. Está todo mundo de olho em você". Ele respondeu: "Se eu jogar, você pode deixar comigo". Então, eu lembrei: "as seleções, daqui para a frente, são mais fortes ainda". "Que nada, difícil é jogar contra o Olaria no campo deles", respondeu. Falava assim porque nos estádios de antigamente, dos times pequenos do Rio, não havia alambrado, e quando o pau comia, a torcida entrava em campo. Na Europa, os campos eram bem melhores e o povo mais civilizado.

A partida seguinte foi contra a União Soviética. O time ficou assim: Gilmar, De Sordi, Bellini, Orlando e Nilton Santos; Zito e Didi; Garrincha, Vavá, Pelé e Zagalo.

Um repórter sueco estava com o Armando Nogueira quando ele veio conversar comigo. Ele escutou o meu desabafo, espumando de raiva, porque a Comissão não queria escalar o Garrincha. Ao saber da confirmação do Garrincha no time que jogaria contra a União Soviética, ele não teve dúvidas, chamou os leitores para o jogo, estampando essa manchete no seu jornal: "Venham ver hoje o maior reserva do mundo".

Garrincha entrou em campo como se estivesse entrando para jogar uma pelada em Pau Grande. Enquanto estávamos perfilados para ouvir o Hino Nacional, apreensivos com a partida, ele estava relaxado e brincando. "Hei, o seu Carlito veio, é?" "O que você está falando? Fique quieto", respondi a ele. "Olha, Nilton, o bandeirinha é careca e a cara do seu Carlito".

Fizemos um partidão. Para o Garrincha, não fazia diferença jogar contra uma Seleção Mundial ou jogar contra um time do Campeonato Carioca. Era tudo a mesma coisa, só mudavam as camisas. Ele queria era jogar, não importava com quem. Então, destruiu o seu marcador, Kusnetsov. Foi um "Deus-nos-acuda", o time soviético se concentrou todo nele e o Vavá, um goleador nato, ficou solto e fez os dois gols da vitória. Ao final do jogo, um jornalista brasileiro, entrevistando o soviético, perguntou o que ele tinha achado do Mané. O gringo respondeu: "não achei".

Para a imprensa mundial, após esse jogo, o Garrincha não era apenas um jogador de futebol, era um fenômeno da ponta direita, uma assombrosa aparição.

Nas comemorações do título, houve uma recepção onde estavam todas as seleções. E o soviético Kusnetsov ficou agarrando o Garrincha pela cintura e dizendo: "Eu não consegui te marcar em campo, mas vou te marcar agora".

Fomos para as quartas-de-final jogar contra o País de Gales. Ganhamos por 1X0 com um gol de Pelé. Aí, começou a aparecer a "estrela" do Pelé. Aliás, eu, particularmente, acho que esse foi o gol mais importante da carreira dele. Para o Brasil, o gol foi importantíssimo e para ele também, porque foi o primeiro.

Na semifinal, derrotamos por 5X2 a França de Just Fontaine — o melhor jogador deles e o maior artilheiro de Copas do Mundo, até hoje. Em 1958, fez 13 gols. Não foi um jogo fácil. Demos sorte, porque houve um choque do Vavá com o zagueiro central deles e, como não havia substituição, esse jogador teve de ser deslocado para a ponta direita, e quem o substituiu não sabia jogar na posição, desorganizando, assim, toda a defesa da França. Isso facilitou para nós. Desconfiado, cheguei a pensar, de início, que era uma trama do time deles, porque esse jogador era um cara grandalhão, de passadas largas. Então, pensei: esse cara vai pegar uma bola e vai querer ir lá dentro. Mas, com o passar do jogo, vi que ele estava realmente machucado. Ganhamos com três gols do Pelé, um do Didi e outro do Vavá.

Fomos para a decisão contra os donos da casa. Nesse jogo, a Suécia começou por tentar impor uma vitória psicológica sobre nosso time, quando nos obrigou a trocar de camisa. Todos ficaram apreensivos, pela superstição, com o fato de jogar sem a camisa amarela.

Só que a Suécia não contava com grande habilidade do Dr. Paulo que, rapidamente, reverteu a situação. Chamou a todos e, alegremente, falou: "Graças a Deus, tudo aconteceu conforme planejei. Vamos jogar com a camisa azul, a cor do manto de Nossa Senhora Aparecida". Nesse momento, estava ganha a primeira batalha.

Soubemos que o De Sordi não havia dormido direito, sentindo dores numa contusão na perna. Comunicou o fato ao Dr. Hilton Gosling que, imediatamente, reuniu a Comissão Técnica. Acabaram por chamar o Djalma Santos. Eles não podiam arriscar, era uma partida decisiva.

A responsabilidade de todos era grande e isso pode ser comprovado, nesse momento, com o Djalma. Ele tinha ficado na reserva durante toda a competição, o que não foi motivo para relaxar com os treinamentos. Todos os reservas precisavam estar sempre prontos para uma emergência, conforme aconteceu. Houve a substituição, mas a equipe não sentiu nada.

Fomos de trem para Estocolmo. O almoço foi sanduíche com refrigerante, pois estávamos em terra estranha e o Dr. Hilton teve medo de irmos a um restaurante qualquer.

Ganhamos por 5X2. Dois gols de Pelé, dois de Vavá e um do Zagalo. Liedholm e Simonsson foram os jogadores que marcaram os gols do time sueco. Simonsson, aliás, veio ao Brasil muitos anos depois. Bellini, em São Paulo, e eu, no Rio de Janeiro, o recepcionamos. Foi muito interessante esse encontro. Consegui levá-lo, com sua mulher, ao Maracanã para conhecer o então maior estádio do mundo e assistir a um jogo. Levei-os também a alguns pontos turísticos do Rio, inclusive à Feira dos Nordestinos, em São Cristóvão. Eles ficaram encantados com as redes do Nordeste e eu os presenteei com uma.

Ao final do jogo do dia 29 de junho de 1958, em Estocolmo, o nosso grande capitão Bellini — Hideraldo Luis Bellini — erguia a Taça Jules Rimet com as duas mãos, um gesto que o consagrou. Tanto que foi imitado, daí para a frente, nas Copas seguintes, pelos outros capitães. Mário Américo roubou a bola do juiz e correu para o vestiário. Éramos os campeões mundiais. Eu ajoelhei e agradeci a Deus. Alegria, felicidade, choro, risos. Fomos tomados por todos os sentimentos de uma só vez. Um título conquistado na técnica e na raça. Dribles magníficos e desconcertantes de Garrincha, a genialidade de Pelé, a precisão nos pés de Didi, a garra do "Leão da Copa" — Vavá, o discernimento da Comissão Técnica, a união de todos, cada vez maior, vitória após vitória, até o êxito total.

Demos a volta olímpica e o professor Carvalhaes correu em minha direção e admitiu que estava errado, referindo-se a Garrincha: "Nilton, ele é tudo isso que você falou e muito mais". A reação do Garrincha foi fantástica: "Êh, já acabou? Que campeonato vagabundo, não tem nem returno".

Dentro do estádio e nas ruas por onde passamos, um fato impressionou: toda a cidade de Estocolmo rendia homenagem aos campeões do mundo, lenços brancos eram acenados. Era o reconhecimento do mundo ao belo futebol apresentado pela Seleção Brasileira.

No vestiário, em meio à euforia, Paulo Machado comentou apreensivo: "Não tenho muito dinheiro para pagar o bicho a vocês. Quando chegarmos ao Brasil, o Dr. Havelange vai fazer uma campanha para conseguir o dinheiro. A CBD não tem". Bellini, como capitão, foi nosso porta-voz: "O senhor nos dá o que puder. Ninguém está se incomodando com dinheiro. O importante é o que conseguimos".

Dessa vez, voltamos triunfantes e vitoriosos. O Brasil inteiro chorou, gritou, pulou e dançou. Extravasou o grito preso no peito por 28 anos. Éramos campeões do mundo, pela primeira vez e para sempre.

A primeira escala que fizemos na viagem de volta foi em Portugal. Fomos recepcionados pelo embaixador do Brasil e autoridades daquele país. Ganhamos vários presentes, entre eles muitas caixas de vinho do Porto. Esse fato me preocupou porque teríamos de voar por mais ou menos 10 horas sobre o Atlântico e o avião estava tão pesado que saiu do chão com a maior má vontade.

A segunda escala foi em Recife. Recebemos um rádio a bordo, dizendo que se a Seleção não descesse lá, o aeroporto seria todo destruído. O tempo estava horrível. Desembarcamos debaixo de muita chuva e desfilamos pela cidade em táxis.

A terceira e última escala foi no Rio de Janeiro. O aeroporto estava repleto de pessoas. O povo vibrava em todos os lugares. O carro de bombeiros estava à nossa espera para o desfile pelas ruas da cidade. Todos queriam comemorar conosco o título tão esperado.

• COPA DE 1962

João Havelange demonstrou consciência e segurança quando resolveu levar ao Chile o mesmo comando técnico da Seleção campeã mundial na Suécia. Feola, por problemas de saúde, não pôde ir, mas resolveram manter seu nome na Comissão. Aimoré Moreira assumiu o cargo de técnico em seu lugar.

A lista da convocação saiu e, novamente, foi muito criticada pela imprensa. Eles questionavam tudo: "Por que levar o Zagalo, quando se tinha o Germano, do Flamengo, que era tão bom e ficou no Brasil?" "Por que o Vavá, se o companheiro ideal de Pelé era Coutinho? Se ele estava convocado, por que não iria jogar?"

Comigo aconteceu um caso engraçado: certo dia, fui a um restaurante na Domingos Ferreira, em Copacabana, onde costumava ir. Lá, tocava um pianista húngaro, Dolly, que era botafoguense e fazia a maior farra quando eu chegava. Na ocasião, estava lá também o Dr. Hilton Gosling. A minha ida para o Chile estava incerta, por mim mesmo. Cansado das viagens, concentrações, eu achava que já tinha os títulos que merecia; já tinha sido campeão carioca, pan-americano, sul-americano, brasileiro e mundial uma vez. Eu estava satisfeito. Por outro lado, parte da imprensa sugeria a minha não convocação por causa da idade. Em 1962, estava com 37 anos.

Quando o Dr. Hilton me viu, foi logo conversar comigo, disse ter sabido que eu estava inclinado, caso convocado, a não aceitar, que eu estava muito bem ainda e seria de muita utilidade para o time brasileiro. Argumentei que já estava mais velho, que o Paulo Amaral era muito exigente, e, com certeza, não conseguiria acompanhar o ritmo dos mais jovens — Amarildo, Pelé e outros. Nesse momento, ele foi categórico: "Aceite a convocação, que eu resolvo. Tiro você uma ou duas vezes por semana dos treinamentos individuais". Com tanta força assim, resolvi aceitar o desafio. E, graças a Deus, foi a melhor coisa que fiz.

A Comissão não se intimidou com as críticas e ouviu a sua própria voz, provando, depois, que estava certa. Convocaram, basicamente, o mesmo grupo da Suécia. No time-base, fizeram, inicialmente, alterações somente na defesa: Gilmar, Djalma Santos, saiu Bellini e entrou o Mauro — deram uma chance a ele, Bellini jogou em 1958 e Mauro jogaria essa — saiu Orlando, que estava jogando na Argentina, entrando o Zózimo, e Nilton Santos; Zito e Didi; Garrincha, Vavá, Pelé e Zagalo.

Na ida para o Chile, a companhia aérea Panair do Brasil e o comandante Bungner foram exigidos pelo Paulo Machado, o mesmo da Suécia. O comandante era um excelente piloto e conhecia muito bem as rotas da Europa. A Copa, porém, era num país da América do Sul, onde ele não tinha muita experiência. Portanto, a princípio, o fato me causou alguma apreensão. Depois, a superstição falou mais forte e tudo deu certo.

Ficamos concentrados na cidade de Quilpuê, em El Retiro, num lugar muito bonito, arborizado, semelhante a uma chácara. Havia vários bangalôs e fomos divididos entre eles. Eu fiquei, salvo engano, no chalé três e no quarto de número seis. Chegamos de madrugada, e o frio era insuportável.

A Comissão, como em 1958, era eficientíssima. No Chile, o Carlos Nascimento funcionou ainda mais. A concentração era toda cercada por muros baixos. Os jornalistas e o público ficavam do lado de fora do muro à espera da gente. O seu Nascimento era como se fosse Deus, estava em todos os lugares. Quando você menos esperava, ele estava do seu lado, querendo saber se tudo ia bem. À noite, ia a cada quarto saber se já estávamos dormindo ou o que fazíamos. Não chegava como vigia e sim como um amigo, querendo ajudar. Acho que sempre era o primeiro a acordar, pois revisava cuidadosamente cada detalhe e, quando acordávamos, já estava tudo em ordem.

O Departamento Médico era precário. Foi montado só para emergências. Quando precisávamos de um tratamento tipo ultrassom, infravermelho, era preciso ir ao Serviço Médico Nacional dos Empregados. Íamos em kombis, na companhia do Dr. Hilton.

Numa das vezes em que precisei ir para fazer ultrassom — estava com a musculatura da perna muito cansada e retesada — foram, também, Gilmar e Castilho. Fui comentando que eu e o Castilho pegamos uma época "braba" do futebol brasileiro. Em 1962, com uma Comissão Técnica formada, tínhamos amparo. Antes, se surgisse algum problema, não havia ninguém para resolvê-lo. Por isso, diziam que éramos nostálgicos, sentíamos falta de casa. Sentíamos falta é de apoio. Dr. Hilton lamentava que, no Brasil, todos pensavam que nas Copas quem não era jogador era turista, e não devia ir. Na Comissão, todos têm a sua função, e uma depende da outra. O médico disse ainda que era muito bom escutar um comentário assim de um jogador como eu.

Nessa equipe de 1962, nenhum de nós pôde sequer admitir uma indisciplina na Seleção. Gilmar argumentou que, agora, os jogadores tinham mais responsabilidade. Voltei a dizer que não era só isso. Por que coisas que aconteciam antes, nas seleções, não acontecem mais? Hoje, temos comando, segurança.

O Dr. Hilton deu aí um exemplo maravilhoso: "Não existe rivalidade na nossa Seleção, somos uma família. Todos torcem por todos. Um exemplo está em vocês dois", referindo-se a Gilmar e Castilho. "O Gilmar entrou desde 58, deu mais segurança à defesa, e você, Castilho, não se abateu por isso. Muito pelo contrário, continuou dando força a ele, treinando junto, não se sentindo rival, e, sim, companheiro." Tive de concordar com o doutor. A explanação dele era perfeita. Sentimo-nos mais seguros com o Gilmar, mas éramos todos amigos — titulares e reservas.

Paulo Machado mandou fazer balões de borracha com a inscrição: "viva o Chile", que seriam distribuídos nos nossos treinos e passeios. Era uma homenagem das crianças brasileiras aos chilenos. Deu a Mário Trigo a incumbência de organizar a distribuição dos balões. Com isso, conquistou a torcida chilena e a trouxe para nós.

O ambiente era o melhor possível. Djalma, Pepe e Garrincha eram os mais gaiatos. Pepe era "compositor", fez música para vários jogadores. Ele e o Garrincha arrumavam apelidos para todos. A começar, secretamente, para o doutor Paulo: "Cabeça de Radiofoto" — gozavam porque ele tinha a cabeça mais estreita de um lado —, o Pepe: "Mulher de Trinta"; Aristides: "Cabelo de Neve"; Mário Trigo: "Jacó"; Gilmar: "Girafa"; Coutinho: "Carvãozinho"; Zagalo: "o Caspinha"; eu: "Chiado" — diziam que eu reclamava muito de todos durante os jogos. Perdendo, então, nem se fala. Amarildo: "Papagaio do Mangue" — ele xingava muito -; Djalma:

"Nariz à Moda Saco"; Zito era o "Chulé"; Pelé: "Elisa" — tinha uma torcedora do Corínthians com esse nome, e eles o achavam a cara dela; Joel: "Fon-fon"; Zózimo: "Boneco da Esso"; De Sordi: "Cabeça"; Jair: "Palito de Fósforo"; Jair Marinho: "Jacaré"; Castilho: "Bóris Karlloff"; Vavá: "o Leão"; Altair: "Zezé Macedo"; Jurandir: "Pato Preto"; Zequinha: "Sapo"; Didi. "Foca"; Bellini: "Marta Rocha ou Boi"; Garrincha: "Âncora" — colocado por ele mesmo, porque é torta. Só quem não tinha apelido era o Mauro, porque não conseguiram arranjar um traço caricatural nele.

Aristides, o sapateiro, sofria com o Djalma. Ele era mais velho e tinha os cabelos bem brancos. O "xará" metia o rosto no quarto onde funcionava a sapataria e dizia: "Está nevando hoje?". O Aristides ficava danado da vida. Ele conversava muito comigo e dizia: "Eu sou velho, mereço respeito de vocês". Eu respondia: "Não ligue, Aristides, é só brincadeira. Não deixe o Djalma perceber que você se aborrece, senão, tá perdido. Aproveita e faça uma gozação. Quando ele chegar aqui, diga: "Chegou o Nariz à Moda Saco, o Djalma deve vir por aí".

Começou a batalha. No vestiário, antes do início da partida, "o grande chefe" Paulo Machado pediu a palavra e nos disse: "Não quero máscaras, mas vocês sabem mais do que eu que temos o melhor futebol do mundo. Somos melhores que os outros. Já sabem como ganhar um campeonato mundial, já ganharam um. Então, viemos aqui para ganhar novamente. Vamos pra cabeça, jogar para ganhar, com o futebol que vocês sabem. Se fizerem isso, seremos bicampeões mundiais.

O primeiro jogo foi contra o México. Um jogo nervoso, por ser estreia, e difícil porque eles se fecharam na defesa e não jogaram de igual para igual. Ganhamos de 2X0, gols de Zagalo e Pelé.

O segundo jogo foi contra a Tchecoslováquia. Naquele dia, parecia que nada dava certo para o nosso ataque. Vavá, Zagalo,

Pelé, Garrincha e até o Didi, todos perderam gols. O time deles jogou fechado, o empate era um bom resultado para eles e para nós também, mas queríamos um gol de qualquer jeito. O goleiro Schroif teve sorte. Defendia ou a bola batia na trave. Um sofrimento. E com o agravante de antes de terminar o primeiro tempo, Pelé ter sentido a distensão na virilha. Voltou no segundo tempo só porque não havia substituição. Ficou parado, mesmo assim era uma ameaça para os tchecos, eles não sabiam a gravidade da lesão. Mantivemos o empate, era o melhor negócio para nós, com 10 homens. No vestiário, Amarildo amparava o Pelé e conversavam baixo, com certeza um dando força para o outro. Paulo Machado estava preocupado, mas não queria passar essa preocupação pra gente. Passei perto dele e disse: "Dr. Paulo, nós vamos ganhar essa Copa. Em 1958, foi pior, nós não sabíamos se o Pelé podia jogar, Garrincha estava de fora até o terceiro jogo. Mudamos e deu certo. Agora é a vez do Papagaio, e ele é bom".

Nessa noite, e em todas as outras, comecei a visitar o Amarildo. Tomar conta dele mais de perto, tentando prepará-lo para estrear no lugar de Pelé. Dizia para ele que o Pelé era o Pelé, que ia substituí-lo, mas que não era ele. Amarildo era o Amarildo. "Você foi convocado pelo futebol que joga no Botafogo. Não queira fazer nada além disso. Jogue o futebol que sabe, sem se preocupar no lugar de quem foi escalado. Sei que não é fácil substituir um jogador feito Pelé, mas você tem a vantagem de estar acostumado a jogar com o Didi, o Garrincha e o Zagalo, portanto, vai ser mais fácil para você, pense sempre nisso e jogue o que sabe, não queira inventar". Não contei isso a ninguém, ia quieto ao chalé dele para conversar todas as noites. Amarildo entrou, deu certo e por alguns dias nos esquecemos do Pelé.

A mesma coisa fiz com o Didi, antes do jogo da Espanha. Ele esteve no Real Madrid e foi sacaneado pelo Di Stefano, que lá era o rei. O argentino não passava a bola para ele, dizendo que não gostava de jogar com o Didi, que ele não sabia jogar bem. Portanto, aquela era a oportunidade do revide. "Hoje, vou mostrar para aquele safado que sei jogar futebol", soltou, sem querer, o Didi perto de mim. Achei que era melhor conversar com ele. Então, falei: "Você não tem e não vai provar nada a ninguém. Está numa seleção e tem que jogar para o grupo, não por você. Vamos ser campeões e outro dia eu ajudo você a ir à forra contra esse cara".

Na entrada do campo percebi que Didi ainda estava nervoso. Encostei nele e disse: "Olha, crioulo, eu estou de olho em você. Estou com a impressão de que você vai fazer um jogo de merda. Ainda pensa no Di Stefano. Pense mais na gente, hein?".

O jogo com a Espanha começou duro. Eles ganhavam de 1X0. Em determinado momento, a bola saiu e eu fui bater o lateral. Ouvi quando o treinador deles, Helênio Herrera, em pé na pista, recomendava ao jogador Collar que partisse sempre em minha direção: "olha a cara dele, Collar; ele é um velho decadente, não tem mais futebol nenhum". Por eu já estar com 37 anos, ele escalou esse ponta esquerda, jogando pela direita. Eu escutei aquilo e me limitei a apanhar a bola e a bater o lateral. Collar, quando atacava, podia até me ganhar no pique, mas não cruzava com a perna direita. Eu o deixava correr até a linha de fundo, quando voltava eu tomava a bola dele. Só deu para mim o jogo todo.

Numa dessa, eu o raspei e fiz um pênalti, que, por sinal, só me convenci de que havia feito quando assisti o *tape.* Mas, como senti alguma coisa no ar, pelo sim, pelo não, dei um passo à frente e levantei os braços. O juiz, que estava longe do lance, quando chegou, marcou a falta onde eu estava. Aí começamos a ganhar o bi. A Espanha não poderia nunca ter feito 2X0.

Durante todo o jogo, principalmente depois desse lance do pênalti, fiquei mais atento ao Didi. Toda vez que ele ameaçava passar a bola entre as pernas de Peiró, eu gritava: "Joga sério, crioulo mascarado. Deixa a firula pra quando estivermos ganhando de 4. Aí, eu juro que faço firulas com você, eu também sei fazê-las, mas agora jogue sério".

O jogo continuou nervoso, Garrincha resolveu jogar por ele e pelo Pelé, que estava fora. Estava endiabrado e, em duas jogadas dele, dois gols de Amarildo. Era o início da conquista, com o Botafogo à frente. Quando terminou a partida, corri para o Amarildo e dei-lhe um beijo na testa.

Veio a Inglaterra e demos um passeio. Ganhamos de 3X1. O Sandro Moreyra resolveu instigar o Mané, dizendo a ele que o Flowers, o lateral, havia dito que o Garrincha não passava por ele de jeito nenhum. Podia até fazer graça em outro local, na lateral, não. O Mané chegou pra mim e disse: "Nilton, o lateral deles disse que eu não era de nada". Respondi: "Então, ele nunca te viu jogar". "Viu, sim", retrucou. "Eu queria acabar com ele, o diabo é que não sei quem ele é". Aí, não tive dúvida: "Acabe com todos os ingleses, porque cada um deles pode ser o tal de Flowers". Garrincha ficou endiabrado. Dribles e mais dribles no time todo da Inglaterra. Dizem que o Aimoré ficou desnorteado no banco quando via o Mané correr por todo o campo a driblar todo mundo. Pedia a ele pra voltar para a ponta, segurando assim o zagueiro inglês. Ele não ouvia, continuava a fazer o seu carnaval. Marcou até gol de cabeça nesse jogo. Vavá fez um gol, sobra de bola de um chute violento do Mané em cima do goleiro. Depois, com um passe de Amarildo, encerrou o placar. Ali, Mané foi batizado de "O Anjo das Pernas Tortas", que enlouquecia todas as defesas e fazia o Brasil acreditar ser impossível não sermos bicampeões.

Nas entrevistas, ao final do jogo, o técnico inglês Walter Winterbotton se declarou perplexo: "Preparamos, durante quatro anos, a nossa Seleção para jogar com jogadores de futebol normais, não esperávamos encontrar um jogador como esse Garrincha, esse rapaz é de outro planeta".

Chegamos à semifinal e fomos jogar contra os donos da casa. Os chilenos vinham de uma vitória sobre os soviéticos, e uma pesquisa feita na Europa, antes da Copa, apontava-os como campeões. Portanto, se conseguiram vencer os russos, não haveria por que temer o Brasil. Para azar deles, Garrincha havia gostado de jogar também pelo meio do campo, achava que ali recebia mais bolas. Com três minutos de jogo, o Mané já tinha feito 1X0, e fez de novo o segundo gol, de cabeça, apesar de ter sido marcado com muita violência pelo lateral deles, Eládio Rojas. Os chilenos fizeram o primeiro gol, antes de terminar o primeiro tempo. Didi também foi duramente caçado e, no intervalo, mostrou ao Dr. Hilton o joelho sangrando e a marca das travas. O doutor deu-se por satisfeito. Na hora do lance, achou que tinham quebrado a perna dele. No início do segundo tempo, Vavá fez 3X1. Novamente, Vavá fez o último gol, e o resultado foi 4X2 para nós. Cansado de levar porrada, o Mané dá um chute na bunda do Rojas e é expulso pela primeira vez em sua carreira.

Veio a final: Brasil e Tchecoslováquia. Garrincha foi absolvido pela Federação Internacional de Futebol Associado — FIFA. Em compensação, entrou em campo com uma forte gripe e bem indisposto. Os tchecos não sabiam disso, escalaram três jogadores para marcar o Mané. Mesmo assim, ele os enfileirou e provocou êxtase na torcida. Eles marcaram primeiro. Amarildo empatou. No segundo tempo, toda a torcida chilena já estava do nosso lado. Numa jogada de Amarildo, Zito sobe e, de cabeça, faz 2X1 para nós. Djalma cruza uma bola na área, o goleiro Schoroif atrapalha-se e solta a bola nos pés do Vavá, que faz o terceiro e último gol, o gol do bicampeonato. Acabava ali mais uma Copa, essa vencida com certeza pelos dribles do Garrincha.

Mário Américo roubou a bola novamente do juiz. E Zózimo roubou do bandeirinha. Pelé esqueceu a contusão e entrou correndo no campo para abraçar Amarildo, precisava agradecê-lo pela vitória. Se não fosse ele, Pelé jamais se perdoaria por ter ficado de fora, apesar de não ter tido culpa. Amarildo, quando viu Pelé, correu chorando e de braços abertos em sua direção. Aimoré chorou abraçado a Zagalo. Sandro Moreyra correu em minha direção e, juntos, choramos lágrimas de felicidade e de sentimento de dever cumprido.

Dr. Paulo quis me abraçar primeiro do que a todo mundo, disse que eu era o mais velho e talvez tenha sido o mais criticado. Quis mostrar-me como foi importante a minha vinda. Ele sempre dizia: "o lugar é seu". Depois, foi abraçar o Carlos Nascimento: "Meu chefe branco, sem o meu chefe branco, o Brasil jamais seria bi". E vi, pela primeira vez, seu Nascimento fraquejar.

Mário Américo entregou a bola amarela, suja e castigada para Paulo Machado. "Está aí, doutor Paulo, missão cumprida." Ele olhou para a bola, com a assinatura de todos os jogadores, e reparou que ela tinha um número. Chamou o seu Nascimento e disse: "Olha, chefe branco, o número da bola tem o sete e o treze. São os meus números, chefe branco". Ele tinha treze netos, a TV Record era canal sete, a TV Rio era canal treze.

No vestiário, de molho na banheira de água quente, é um dos antigos hábitos que adquiri no Botafogo com Carlito Rocha — "meu filho, toda vez que você sair de campo, entre numa banheira de água quente" —, ouvi uma voz de mulher gritando:

"Chi-Chi-Chi, Le-Le-Le. Ficamos com a taça
e jogamos sem Pelé",
depois:
"Você pensa que cachaça incha,
Garrincha incha muito mais.

Quando ele põe o pé na bola, passa mais de
dez pra trás".

Ali eu estava, ali eu fiquei. No fundo ela já sabia, ao entrar, que ia encontrar um monte de homens pelados. No fundo o que importava mesmo para ela era o Mané.

Na banheira ainda, comecei a conversar com o jornalista Mário Filho. Cheguei a confidenciar a ele que era o jogador mais feliz do mundo. Trinta e sete anos, 15 de futebol e bicampeão mundial. Sabia que aquela era a minha última chance, precisava ganhar essa Copa para poder despir, com saudades a camisa da Seleção. E graças a Deus, eu tinha conseguido.

O embaixador Fernando de Alencar ofereceu um jantar, na Embaixada Brasileira, para todos da delegação. Só o Garrincha, com febre, e Mário Trigo, que ficou cuidando dele, não foram. O Mané dizia: "Não perca o banquete por minha causa, Jacó". Mário ficou contando piadas para ele.

Na viagem de volta, a primeira escala foi em Brasília. Fomos recebidos no aeroporto pelo povo e por autoridades. Desfilamos nos carros de bombeiros pelo Eixão e depois pelo Eixo Monumental, repletos de gente por todo o percurso. No Palácio do Planalto, fomos recebidos pelo então presidente João Goulart.

A segunda escala foi no Rio de Janeiro. Fomos recebidos no aeroporto e desfilamos em carros de bombeiros pela cidade até o Palácio Guanabara, onde fomos recepcionados pelo governador Carlos Lacerda.

Depois de muita festa, ele presenteou o Garrincha com um pássaro de estimação, que ficava num *hall* do palácio, criado com todo luxo. Havia um *menu* especial para o "Mainá". Coitado, foi parar em Pau Grande, comendo banana.

Aqui encerrei minha carreira vestindo a camisa da Seleção Brasileira, com dois títulos mundiais no currículo.

MANUEL FRANCISCO DOS SANTOS — "GARRINCHA"

Que fenômeno foi esse? Só podia ser mesmo de outro planeta. Garrincha é um só. Não existe, não existiu, nem existirão dois. Garrincha foi chamado primeiro de "Gualicho" pelo jornalista botafoguense Sandro Moreyra. Ele resolveu chamá-lo assim por não gostar do apelido "Garrincha". Justificou a troca, dizendo que associou o nome a um cavalo por causa do futebol rápido que jogava. E esse era o nome do mais famoso campeão, à época, que corria no Jóquei Clube do Rio de Janeiro. Garrincha não gostou da ideia e tudo ficou esclarecido numa reportagem feita pelo Geraldo Romualdo. Mané explicou que o apelido "Garrincha" havia sido dado a ele, ainda criança em Pau Grande, por se tratar do nome de um passarinho e da enorme ligação que tinha com essas aves. Era o "Manuel dos Passarinhos". Ele foi descoberto pelo Araty — jogador do Botafogo — que foi a Pau Grande, pequena cidade do Estado do Rio, a convite, para apitar um jogo. Viu Garrincha jogando, ficou impressionado e o convidou para um treino no clube. De início, ele não apareceu. Araty continuou propalando a todos o seu grande futebol. Tempos depois, um dirigente do Botafogo resolveu voltar àquela cidade para ver o "tal jogador". Ficou encantado com o futebol de Garrincha. Marcou com ele no dia seguinte, no Rio, e levou-o para um teste.

O treinador, na época, era o Gentil Cardoso. Quando viu o Garrincha entrar em campo, disse: "no Botafogo, dá de tudo, até aleijado".

Não é para justificar, até porque o teste dele foi um dia de sorte para mim. Eu estava na semana da minha despedida de solteiro e andava abusando um pouco. Então, colocaram "aquele cara" todo torto e desengonçado na ponta direita. Não fiz muita fé. Quando ele pegou a bola, fui logo desarmá-lo, e ele, na maior desenvoltura do mundo, parecia até que já jogava ali, enfiou a bola no meio das minhas pernas e foi buscar do outro lado. Nessa época, eu estava muito badalado no clube. Todos diziam que eu era o cobrão. Um cara todo torto fazer aquilo comigo é porque era bom. Falei logo: "Contratem o homem, não quero passar esse vexame no Maracanã cheio". Fui ouvido, graças a Deus, e daí em diante pude sempre dormir tranquilo; ele estava do meu lado, coisa que não acontecia aos seus marcadores. Tenho muito orgulho de ter sido o seu primeiro "João"[1].

Ao final do treino, Paulo Amaral elaborou o relatório do novato à diretoria. "O jogador apresentou qualidades extraordinárias com o futebol apresentado. Só tem um defeito, a meu ver corrigível, dribla demais."

Diziam que Garrincha só sabia jogar futebol, caçar e pescar. Lá em Pau Grande, quando o time dele ia jogar contra algum time de fora, ele ia caçar e dizia, mais ou menos, onde estava na mata. Caso o time da casa estivesse perdendo por culpa de seu irmão, que era o goleiro, alguém ia buscá-lo. Ele descia, entrava e tirava a diferença, livrando assim a cara do irmão.

Mané era uma pessoa como eu fui. Simples, ingênua, sem experiência, veio de um lugarejo tão pobre e pequeno como o meu. O Rio de Janeiro era uma cidade grande e éramos carentes. Então, toda pessoa que se aproximasse da gente era bem-vinda. O que queríamos era ajuda. Todas essas características comuns

1 Jogador que é driblado com facilidade.

serviram para nos aproximar cada vez mais. Havia afinidades entre a gente. Ele precisava de orientação, eu o defendia como se fosse um irmão mais velho. Mais tarde, Zezé Moreira e Sandro Moreyra perceberam isso e foram também amigos e conselheiros do Mané.

O Garrincha não precisou de período de adaptação. Foi estrear logo em seguida à sua contratação num jogo contra o Bonsucesso. Entrou e arrasou a defesa adversária. Fez gol, bateu pênalti, como se já estivesse no clube há muito tempo.

Ele era um gozador, muito infantil e sem maldade. O Décio Esteves — centroavante do Bangu — penava com ele. Passava 200 vezes perto do Décio e dizia: "Décio, esteves ou estavas?".

Na concentração, os mais velhos de clube gostavam de sacanear os novatos. Com o Garrincha isso nem aconteceu porque ele brincava mais que todo mundo. O Casado — era o garçom do clube — sofria com o Mané. Ele esperava o Casado vir com a bandeja cheia, corria e o agarrava por trás, tipo "tirando sarro". O garçom se atrapalhava todo e jogava bife e batata frita para todo lado.

Quando não fazia isso, pedia ao Casado para deixá-lo servir a comida. Ficava na ponta da mesa e perguntava, por exemplo: "Cara de Jaca" — era como ele chamava o Manga — você quer bife aéreo ou frango de trem?" Manga, todo bronco, respondia: "Bife, porra!" "Então toma, via aérea". "Via aérea" era quando ele jogava a comida pelo alto até o jogador que havia pedido. "De trem", era quando colocava a comida em cima da mesa e a fazia deslizar até quem havia pedido. Com isso, ele bagunçava o almoço todo.

Ele só não fazia brincadeiras, desse jeito, comigo. Não que eu falasse alguma coisa. Mas ele me respeitava.

O Didi, ele quase matava de raiva. O Mané pegava as bochechas dele, com as duas mãos, sacudia apertando e dizia: "Êta crioulo bonito". Ou senão, fazia uma coisa que tirava o Didi do sério: passava a mão na bunda dele. Ele ficava louco e dizia: "Garrincha, para com isso, que eu não sou moleque". Mané pedia desculpas e daí a dois minutos fazia tudo de novo. Só restava ao Didi rir.

Ele gozava todo mundo. Na Seleção, como no Botafogo, colocava apelidos: "Orelhinha" era o do Carlyle, por ele só ter uma orelha; Quarentinha era o "Cabeçudo" — por causa da cabeça grande; Edson — ponta de lança — "Quém — quém"; Cacá — lateral direito — era o "Rabugento". Neivaldo era o "Noel Rosa" — por total falta de queixo. O Aluísio — roupeiro — era o "Birruma". Ninguém conseguia ficar com raiva dele porque sabia que fazia aquilo de brincadeira, sem maldade. Ele era um adulto que continuava criança.

Com o Quarentinha, ele brincava o dia inteiro. Esperava-o ficar distraído, vinha e passava a mão, de trás para frente, sobre a cabeça dele e dizia: "Um dia, um avião vai pousar aqui". O jogador ficava irritado, mas não adiantava nada.

Na seleção de 1958, vivia brincando com todos. Ele segurava o braço da gente e dizia: "Tá preso". Soltava e dizia: "Tá solto". Isso o dia inteiro. Se notasse que você ia se aborrecer, aí é que ele fazia mesmo.

Garrincha era diferente de tudo e de todos. Já pensaram um ponta, em 10 tentativas de dribles nos seus marcadores, passar por oito? Como dizia o Zezé Moreira: "O Garrincha era sem esquemas. No campo, não adiantava orientá-lo, tinha de deixá-lo jogar o futebol do jeito que ele sabia. Tudo o que fazia em campo era nato. Ninguém o ensinou, quem tentasse se dava mal. A tática era para todo mundo, menos o Mané, deixa ele solto". Até que o Zezé tentou ensiná-lo, logo de início, mas, como ele mesmo reconheceu posteriormente, se deu mal.

Zezé achava que eu subia muito ao ataque, que deveria ficar mais preso ao meu lugar. Assim também reclamava que o Garrincha driblava. Para ele, às vezes, sem necessidade. Tentou ensiná-lo a fazer diferente, usando toda a didática que sabia: colocou no campo uma cadeira da Brahma. Chamou o Garrincha e disse: "Faça de conta que essa cadeira é o seu adversário. Só tem uma, não tem mais nenhuma na sua frente, você está vendo? Então, vai, dribla a cadeira e cruza para o gol. Você vai fazer a mesma coisa no jogo: driblar o adversário uma só vez e cruzar, entendeu?". Mané olhou e respondeu: "Entendi". "Então faça. Tragam a bola", determinou o treinador. Garrincha pegou a bola, driblou a cadeira em círculo, meteu a bola no meio das pernas da cadeira e só aí cruzou para o gol. Zezé desistiu.

O Botafogo fez uma excursão à Europa e quando chegamos a Paris, a revista *Manchete* tentou levar o Garrincha para subir a Torre Eiffel. Em cima, havia um restaurante e queriam que ele almoçasse lá. A revista queria mostrar a evolução de um jogador saído do interior e que teria, agora, Paris aos seus pés. Ele se aborreceu, não quis de jeito nenhum. Argumentou que lá só tinha ferro e que não ia subir. Talvez, por isso, ele não tenha jogado nada naquela tarde contra o Racing.

No ano seguinte, voltamos ao mesmo lugar para jogar contra o mesmo time. Então, o Zezé Moreira, que ainda era o treinador, comentou com ele: "É, Garrincha, o ano passado nós jogamos aqui e você não fez nada. Deu a maior boa vida para o seu marcador". Ele pensou e respondeu: "Seu Zezé, será que ele vai jogar hoje?" "Não sei, ele está sentado lá no banco, é aquele de óculos", instigou o treinador. Coitado do jogador, pagou com juros e correção monetária de mais de um ano ao Mané. Ele destruiu o lateral. O vexame foi tão grande que, antes do término da partida, o treinador deles teve pena e substituiu o jogador. No vestiário, o

Mané, com toda humildade e ingenuidade, chegou para o Zezé e disse: "Seu Zezé, o homem era aquele mesmo?". Ele respondeu: "Ah, Mané, hoje você foi demais. Acabou com o jogador". E ele: "Não, seu Zezé, eu acho que ele não é tão bom nada".

Nessa mesma excursão, jogávamos contra o Reims e ganhávamos de 5X1. Faltavam apenas alguns minutos para o encerramento do jogo e o Zezé mandou uma ordem para prendermos a bola. Quando a determinação chegou na ponta direita, Mané tomou-a ao pé da letra. Começou a driblar os beques, jogava a bola entre as pernas deles, voltava e driblava de novo. Só se via gringo trombando um no outro. Driblou até gente do nosso time que se meteu na frente dele. Um carnaval. Quando o jogo acabou, Zezé perguntou a ele, no vestiário, o porquê daquilo tudo. Ele, ingenuamente, respondeu: "Ué, seu Zezé, o senhor não mandou prender a bola?".

O Botafogo era muito mais alegre na era Mané. Ganhávamos sempre e nos divertíamos muito com ele. Em 1957, fomos decidir o título do Campeonato Carioca contra o Fluminense, que jogava pelo empate.

Na semana do jogo, João Saldanha, nosso treinador, malandramente, pediu à atleta de vôlei Ivone Santos, que tinha muita afinidade conosco, para servir de espiã. Ela teria de assistir ao último coletivo do Fluminense e explicar para o João Saldanha a tática que seria usada.

Pirilo, ex-campeão do Botafogo, era o treinador do Fluminense e preparou o seu clube para deter o Botafogo. Altair — lateral — dava o primeiro combate às arrancadas do Garrincha. Clóvis — quarto zagueiro — cobriria o lateral.

Estávamos concentrados. O Mané não sabia ler, então eu lia os jornais para ele da forma que queria. Claro que procurava sempre instigá-lo contra os adversários. Gostava disso, assim ele se tornava melhor ainda. Mas, aqui, foi verdade: "Benício Ferreira Filho, diretor do Fluminense, na manchete do jornal, convidava a torcida para tomar o chope que eles haviam comprado para comemorar o campeonato". Garrincha ouviu aquilo e me disse: "Ué, eles ainda não ganharam e já estão fazendo festa?". Eu respondi: "Para você ver, temos que tomar uma providência, não temos?". Simplesmente arrasamos.

Logo no início da partida, Mané percebeu como estava sendo feita a marcação em cima dele. Portanto, passou a esperar que o Clóvis se aproximasse do Altair, na cobertura. Assim, num drible só, passava pelos dois. O Mané fez o que quis e o que não quis. Quando o jogo já estava 4X2, Telê chamou o Didi e apelou: "Vocês já são os campeões. Peça ao Garrincha para parar que ele está desmoralizando o Altair e o Clóvis. Já chega, pô!". Mané ainda fez um gol e deu passe para o último, do Paulo Valentim. O Botafogo ganhou de 6X2.

Depois que fomos campeões do mundo, ele me convidou para batizar a sua sexta filha, Maria Cecília. Fui visitá-lo em Pau Grande e aconteceu algo maravilhoso. Ele me levava na casa dos amigos e dizia: "Esse aqui é meu compadre, ele é o Nilton Santos, campeão do mundo". Achava um barato. Eu é que era alguém. Ele não era nada, nem ninguém.

Garrincha não se ligava em datas ou nomes de times. Para identificar certas cidades europeias, ele lembrava um fato: Paris era a cidade onde seu Zezé escorregou no corredor do hotel.

Marcar o Garrincha não era fácil. O jogador que tentava marcá-lo melhor era o Jorge — lateral do Vasco — da famosa linha média: Eli, Danilo e Jorge. Ele o marcou melhor porque o Garrincha evitava driblá-lo, pois o Jorge jogava mais com os braços, talvez querendo intimidar o Mané e, às vezes, pegava no rosto. Por essa artimanha, ele era o único marcador que o Mané evitava. Os outros, ele procurava. Eu, depois de treinar muito tempo contra ele, às vezes conseguia tirar uma bola dele. Ele tinha preferência em driblar para a direita, mas você não podia apoiar o pé no chão, que ele passava. Se você viesse recuando e pousasse o pé esquerdo no chão, era a chance dele, era quando passava. Ele mesmo não sabia explicar como driblava. Eu, achando que sabia disso, ficava pulando nas pontas dos pés no mesmo lugar, sem recuar. Quando ele tentava passar, eu procurava roubar a bola. De vez em quando conseguia, outras vezes dava-lhe soco na barriga. Quando acabava o treino, ele vinha e reclamava: "Olha aqui, compadre, olha o que você me fez" — levantando a camisa e mostrando a barriga vermelha. E eu respondia: "Bem feito, não venha querer fazer graça comigo, fica de longe". E a gente se abraçava e saía rindo.

Na "Escolinha de Futebol Nilton Santos", em Brasília, quando falo e passo filmes do Mané para os meus alunos, não acreditam, acham que é montagem.

Com essa tese de que ele só driblava para a direita, o treinador do México, em 1962, se deu mal. Dizem que ele, usando uma porção de pedaços de filmes, emendou tudo e tentou explicar para o zagueiro dele, Ameguin, como jogava o Mané e como era fácil marcá-lo. Só fez confundir o rapaz, que levou um passeio dele, teve até de ser substituído para não ficar queimado.

O "João" mais famoso talvez tenha sido o Vairo — lateral esquerdo do River Plate e da Seleção Argentina — quando o Botafogo o enfrentou num torneio, na Cidade do México. Da quarta ou quinta vez em que o Mané passou por ele, parte da torcida mexicana começou a gritar **olé!** Em poucos minutos, todo o estádio gritava **oooooo-lé!**, grito emprestado das touradas que consagraria, daí pra frente, todos os grandes lances de dribles do futebol mundial.

Com esse jogador, Vairo, aconteceu outro fato engraçado. Talvez tenha sido até nesse mesmo dia. Dizem que no intervalo do jogo, quando o treinador Nestor Rossi viu o Vairo todo sujo, molhado de suor de tanto levar dribles do Mané, chegou para ele e disse: "Você está vendo aquele jogador ali?" — mostrava em direção a mim que estava de uniforme limpo, meias em cima, tranquilo caminhando para o vestiário — "Pois é, ele é o Nilton Santos, é lateral esquerdo como você. Vá lá perto, passe a mão na perna dele pra ver se você melhora. Ali naquelas pernas está o futebol de todos os beques do mundo". Fiquei lisonjeado e surpreso com o elogio, porque estava vindo de um argentino, que não gosta de elogiar brasileiro.

O Coronel — lateral do Vasco — não dormia à noite, na véspera dos jogos contra o Garrincha. Quando dava a saída de bola, o Mané falava para ele: "Boa sorte, Coronel, vamos lá". Ele respondia: "Seja o que Deus quiser, Garrincha".

Num Campeonato Carioca, precisávamos ganhar do Vasco. Bolei uma sacanagem. O Coronel era muito leal com o Garrincha. Não dava pontapés nele, mas o segurava pelas pernas e pela camisa. Pensando nisso, pedi ao Aluísio, roupeiro, que colocasse a camisa do Mané de molho na água sanitária. Isso faria com que o tecido ficasse mais frágil, e quando o Coronel ou outro jogador adversário o segurasse, rasgaria a camisa dele. O juiz, é claro, expulsaria o jogador. Como não havia substituições nesse tempo, eles ficariam com 10 homens, facilitando o nosso trabalho. Aluísio disse que topava.

O jogo começou e o Coronel chegava a sair de rastro de tanto segurar na camisa do Garrincha. Eu, sem entender nada, cobrei do Aluísio no intervalo do jogo: "E aí, Aluísio, não aconteceu nada, você fez?". E ele, risonho: "Você quer me ferrar. Que amigo é você?".

Depois que fomos campeões do mundo, os empresários faziam os contratos com o Botafogo para excursões, exigindo a presença dos cinco: Didi, Amarildo, Zagalo, eu e, principalmente, o Garrincha. Muitas vezes, éramos obrigados a entrar em campo machucados para o clube receber toda a cota. O Mané, nem se fala. Por ser o mais caçado, sempre tinha alguma contusão.

Fizemos um amistoso do Botafogo, na Costa Rica, contra o Saprisa, time campeão de lá. Uma partida dura, e tínhamos um adversário maior, que era o juiz. Ele estava atrapalhando tudo. Fazíamos gol e ele anulava. O time deles fez 1X0. Paulo Valentim empatou para o Botafogo. Nesse momento, o goleiro, cinicamente, pegou a bola no fundo da rede e bateu o tiro de meta. Agiu como se não fora gol. Deu saída e a bola veio parar em mim. Então, peguei-a com a mão e protestei com o juiz. Houve muita confusão, no final ele validou o gol. O time do Botafogo ficou todo revoltado com a arbitragem e o Garrincha resolveu nos vingar. Pegou a bola, passou por dois ou três na defesa deles e ficou cara a cara com o goleiro. Driblava-o com o corpo, ameaçando que chutava e não chutava. Até que, já cansado, o goleiro distraiu-se, o Mané meteu a bola entre as pernas dele e fez o gol. No vestiário, o treinador, que era o Paulo Amaral, perguntou, indignado, ao Garrincha por que ele havia demorado tanto para fazer o gol, num jogo tão difícil daquele. Mané respondeu: "Paulo, ele não queria abrir as pernas".

Em 1962, na Copa do Chile, quando foi expulso no jogo contra os donos da casa, causou a maior expectativa em todos. Com a falta do Pelé, solucionamos com o Amarildo. E como haveríamos de fazer agora, sem Garrincha? Era impossível ganharmos a competição. Acho que não só nós, jogadores e Comissão Técnica, mas o país inteiro rezou e pediu a Deus essa absolvição. Como Deus é brasileiro, conseguimos. Dizem que, quando saiu no Brasil a notícia de que ele jogaria a final, o Repórter Esso, com Heron Domingues, a coqueluche jornalística da época, falou em edição extraordinária.

Garrincha, nessa final, estava mais endiabrado do que nunca. Marcado pelo Lala, o lateral tcheco, não teve muita dificuldade em jogar o futebol que sabia. Numa das inúmeras vezes que passou por ele, fez um verdadeiro círculo, uma volta completa, deixando o tcheco no meio, totalmente inerte. Ele pediu para sair e, no final, ainda elogiou o Mané.

Eu, particularmente, acho que o que motivava mais ainda as suas boas atuações era a paixão que começava a sentir pela cantora Elza Soares, que mais tarde chegou a ser sua mulher e companheira. Eles se conheceram no Rio e acabaram se apaixonando. Na mesma época do Campeonato do Mundo, ela fazia uma temporada no Chile, e ele havia prometido o bi a ela.

Noutra época, o Botafogo estava excursionando e acabamos por chegar a Copenhague. O Hélio — ponta esquerda — era muito simples e de boa-fé. Numa saída, ele comprou um rádio. Quando chegou ao hotel, o Garrincha, sabendo disso, resolveu gozá-lo: "Hélio, a sua família fala alemão?". Ele, muito surpreso, respondeu que não. Aí, o Mané continuou: "Então, pra que você vai levar rádio daqui?". O rapaz acreditou e tratou de vender o rádio mais barato e o mais rápido possível.

Nem tudo foi alegria e brincadeira a vida toda. Mais tarde, vieram os problemas com o joelho, a idade chegando, a saída do Botafogo, primeiro a minha, depois a dele, e o monstro sagrado do futebol brasileiro acabou por acabar. Dizem que, no Botafogo, os médicos lhe davam injeções no joelho para que pudesse jogar. Se faziam, era muito bem feito porque eu nunca vi. Talvez não deixassem mesmo eu ver, pois, se visse, com certeza teria virado a mesa.

Assim era o Garrincha: ingênuo, uma criança sem maldade. E assim ele se foi, mas continuará sempre para nós, os fãs, a "Alegria do Povo".

Um dos dias mais tristes que tive na vida foi o dia 20 de janeiro de 1983, exatamente quando o Mané se foi.

Morava na Ilha e, na noite anterior, fui a um ensaio da Escola de Samba União da Ilha. Cheguei em casa por volta das cinco da manhã e fui acordado lá pelas nove com telefonemas de amigos, da imprensa, me dando a notícia.

A Cidinha Campos queria que eu entrasse, ao vivo, no programa de rádio que fazia direto do Instituto Médico Legal — IML.

Agnaldo Timóteo, cantor botafoguense, exigia desesperadamente pelas rádios, a minha presença no local. A família do Garrincha, irmãos e filhas queriam que ele fosse enterrado em Pau Grande. Todos achavam que ele deveria ser velado antes, no Rio. Portanto, Timóteo achava que só eu resolveria o impasse.

Estático, em casa, eu só chorava. Não conseguia atender os telefonemas, não queria ir, ao mesmo tempo sabia que teria de ir.

Fui para o IML. Já na porta, encontrei os irmãos dele que me cercaram e fizeram inúmeras cobranças. Subi feito louco as escadas e, a cada andar, abria as portas à procura de notícia, à procura do Mané. Não sei em que andar, abri uma porta e ele estava lá estendido em cima de uma mesa. Descontrolei-me, um funcionário apareceu, me pegou e levou para o gabinete do diretor do Instituto, onde estavam todos.

Muitos microfones em cima, alvoroço, perguntas, todos esperando uma atitude minha. Todo mundo falava ao mesmo tempo. Acho que nem no campeonato do mundo fui tão solicitado. Era feriado no Rio, dia de São Sebastião, padroeiro da cidade. As autoridades haviam sido contatadas.

A deputada Dayse Lúcidi comunicou-me que a Câmara Legislativa do Rio de Janeiro estava aberta, com seu Salão Nobre preparado para receber o Mané.

Já que a decisão tinha de ser minha, acabei por tomá-la: "Nada disso, obrigado mas a Câmara não é o lugar dele. O Maracanã é que precisa ser aberto para recebê-lo. Lá, nós e ele, nos sentiremos em casa".

Imediatamente, o superintendente da SUDERJ à época, Dr. Gilson Borges, mandou colocar as dependências do estádio à minha disposição para que eu resolvesse como queria e como seria o velório.

O dia estava nublado. Até São Pedro estava triste. Depois que liberamos o corpo e chegamos ao estádio, Ademir Menezes e eu nos deparamos, no *hall* do Maracanã, com o Mané ali imóvel e apenas a Vanderléia, sua última mulher, nós e nossas mulheres. Ninguém mais.

Me revoltei. Aquilo não podia estar acontecendo, não era possível. O Mané tinha sido a alegria daquele povo, tinha dado duas Copas ao país. Como poderia, agora, na sua última hora o povo do Rio ser tão ingrato? Ninguém para prestar-lhe uma última homenagem. Comecei a andar de um lado para o outro chorando e blasfemando. São Judas Tadeu, o santo dos casos impossíveis — apesar de dizerem que ele é Flamengo, antes de tudo foi Brasil, só pode ter acontecido isso — resolveu ouvir os meus lamentos.

Dentro de pouco tempo, o Maracanã estava cheio, parecia dia de clássico, só que em silêncio. Não se ouvia nada além de choro e passos na fila indiana para passar perto do Garrincha. Tivemos até de pedir a ajuda da Polícia Militar para organizar melhor o funeral, que ficou congestionado durante todo o dia e à noite.

Bellini, sempre Bellini, nosso grande capitão, telefonou-me para avisar que havia organizado um ônibus com um grupo de amigos nossos, da Seleção e do time Milionários — time amador de São Paulo, onde, ultimamente, Mané estava fazendo apresentações. Eles vinham de lá para, juntos, nos despedimos do Garrincha.

Um diretor do Botafogo chegou com a bandeira alvinegra. A família proibiu que ele cobrisse Garrincha com ela, argumentando que o clube o tinha destruído. Podia até ter um pouco de razão, mas também foi o clube que o projetou para o mundo. Além do mais, estávamos todos sofrendo muito, não era hora disso, argumentei com eles. Fui ouvido e a bandeira do clube, da estrela solitária, cobriu a sua maior expressão.

No dia seguinte, "a cúpula", de papel e caneta na mão, montava o esquema para o trajeto até Pau Grande. O comandante do carro de bombeiros não sabia a quem ia atender. Mais uma vez, achei que era preciso a minha interferência: "Nada disso, nada de esquemas. O Garrincha era sem esquemas. O senhor me permite colocar uma pessoa do lugar na cabine do caminhão para ajudá-lo?" Continuei: "Pegue o caminho mais perto daqui, para sair na Avenida Brasil. Depois, siga até Pau Grande, normalmente como fazem os carros e os ônibus. Quem quiser ir, acompanha o senhor".

O carro de bombeiros era o mesmo, mas o trajeto era o inverso do que fizemos quando ele chegou do Chile, endeusado pelo povo por trazer o bicampeonato.

Mas, a torcida do Mané era fiel. Ao longo das passarelas da Avenida Brasil, pessoas choravam, acenavam com lenços brancos, jogavam flores sobre o carro. Num determinado ponto, alguém soltou uma camisa número sete, da Seleção Brasileira, que foi voando, bailando como se fossem seus dribles, e que acabou por pousar em cima dele. Ficou presa na alça do caixão e manteve-se até Pau Grande. Essa cena, para mim, é inesquecível.

Chegamos a Pau Grande, estacionei o carro. O corpo de Garrincha ainda estava em Raiz da Serra — uma outra cidadezinha próxima, onde a família pediu que fosse rezada uma missa de corpo presente. Não sentia mais as minhas pernas, nesse momento fui convencido pelo presidente do Botafogo e pelo Sandro Moreyra a voltar para casa. Não tinha mais condições físicas, nem psicológicas para ficar ali. Não suportaria vê-lo sendo enterrado.

Soube, mais tarde, que no cemitério foi uma confusão danada. Que o Timóteo precisou, na hora do enterro, pagar uma taxa para que o Mané fosse enterrado.

Uma semana depois, fui visitar o túmulo. Queria saber onde ele estava agora. Outra cena inesquecível: o caixão estava aparecendo do lado de fora da terra. Ele tinha sido enterrado numa cova rasa. Voltei e fui ao Botafogo, aquilo não podia acontecer, o clube tinha de mandar fazer um túmulo decente para ele. Mas os tempos haviam mudado. Não tinha o seu Carlito, o Dr. Nei Cidade Palmeira e tantos outros. Aqueles que estavam lá, nada fizeram.

Recorri à CBF, sabia que eles estavam ajudando, nos últimos tempos, o Mané, pagando as internações e o aluguel de uma casa onde morava. Garrincha tinha feito muito pelo país e não foi, assim como todos nós, bicampeões, tão recompensado financeiramente por isso. Mais uma ajuda da CBF não seria demais, até porque era a última. Aquela situação não podia perdurar por mais tempo. Fiquei aguardando um telefonema.

Percebi que a missão que tive, durante o velório, ainda não havia terminado. Tinha de ser eu. Mandei, então, fazer o túmulo e uma pedra de mármore com a inscrição: "Aqui descansa aquele que foi a Alegria do Povo".

Garrincha acabou do jeito que acabou. Me perguntam, sempre: por que? Foram os problemas familiares? Foi desequilíbrio mental ou emocional? Falta de estudo? Não tento justificar ou explicar a questão. Tento senti-la. Gosto mais de acreditar na missão que ele veio desempenhar nesse mundo. Que não era, com certeza, a de ser um exemplo comportamental de homem, inteiramente enquadrado dentro dos padrões estabelecidos pela sociedade, mas sim a de ser ídolo. Que veio para jogar futebol e trazer alegria a essa vida tão dura que temos. Veio para defender a camisa da Seleção, do seu país e imortalizá-la, com jogadas incríveis, dando dribles desconcertantes e inexplicáveis.

Garrincha veio para nos ensinar a simplicidade, a beleza, a humildade. Veio para doar-se e, através do futebol, ser amado e sentido. Não questionado e explicado, como uma regra de matemática em que dois mais dois é sempre igual a quatro. É assim que eu prefiro vê-lo e é assim que o sinto.

TREINADORES, "TREINEIROS" E JUÍZES

Costumo dizer que nesses 17 anos em que vivi no futebol, convivi com muitos treinadores que eram pessoas honestas, boas e competentes. Também conheci outras, desonestas, ruins e incompetentes. Alguns foram treinadores, outros foram treineiros. Prefiro citar alguns dos treinadores: Zezé Moreira, Vicente Feola, Aimoré Moreira, João Saldanha, Paulo Amaral, esses são os de quem mais me lembro.

- **ZEZÉ MOREIRA**

Zezé Moreira teve a vida toda ligada ao esporte. Foi nadador e jogou futebol desde os 10 anos de idade. Marcou época no Botafogo com uma linha média famosa: Zezé Moreira, Martins e Canáli. Foi meu primeiro treinador, e aprendi muito com ele. Era competente, honesto, sério e muito disciplinador. Foi treinador de vários clubes e campeão, além do Botafogo, no Fluminense, na Seleção Brasileira e no São Paulo. Com a vantagem de ter sido jogador de futebol, entendia bem a gente. Com isso, tinha-nos, a todos, na mão.

Foi inovador também. No Botafogo, fomos campeões juntos em 1948, quando ele lançou a marcação por zona. Respeitava muito a característica de cada jogador e não inventava. A exigência maior do futebol dessa época não era a preparação física e sim a técnica.

Nós nos concentrávamos no Hotel Paissandu e ele tinha os garçons, a gerência, todos na mão. Com isso, sempre ficava sabendo de tudo o que fazíamos e nós não descobríamos como. O Didi fugia da concentração para namorar a Guiomar. O Zezé chamou o Didi e disse: "Eu sei que você está indo namorar lá na Praia do Flamengo e não quero isso. Traz a moça aqui para dentro, não quero que falem mal nem de mim, nem de você". Didi ficou pasmo. Até então, ele estava fugindo, como é que o Zezé havia descoberto?

Numa excursão que fizemos à Europa com o Botafogo, ganhamos de todo mundo e voltamos de navio, como prêmio pela campanha. Foram 14 dias de uma viagem maravilhosa. Passamos em Nápoles. O Pampolini — meio-campo do time — era de família italiana, comeu todas as massas possíveis e engordou à beça. O Zezé dizia pra ele: "Como é que eu vou te botar para jogar agora? Você parece uma baiana".

O Garrincha tomou "cuba libre"[1] a viagem inteira. Mesmo sabendo, porque o "barman" havia contado para ele, Zezé passava e dizia: "Garrincha, se encharcando de coca-cola novamente?". Ele respondia, crente que estava abafando: "É, seu Zezé, eu gosto".

Zezé Moreira era seríssimo e não aceitava deslizes. O Mané quase o matou de raiva uma vez. Estávamos jogando no Triângulo Mineiro, com o time do Botafogo, e, assim que chegamos ao hotel, o Garrincha sumiu. Zezé ficou danado e resolveu descobrir onde ficava a casa de mulheres da cidade, porque certamente o encontraria lá. Pouco familiarizado com o ambiente e por total falta de sorte, ele foi visto primeiro pelo Mané que, gozador como era, não perdeu a oportunidade de chateá-lo: "Ué seu Zezé, o senhor também gosta?". Depois desse comentário, o técnico nada mais pôde fazer com o jogador.

1 Bebida famosa da época: com rum, coca-cola, gelo e rodelas de limão.

• VICENTE FEOLA

Vicente Feola foi outro treinador maravilhoso com quem tive a oportunidade de trabalhar. Ele falava pouco, mas na hora certa. Na véspera dos jogos, nos fazia verificar as chuteiras, ver a altura das travas, enfim, cuidados que nunca vi em nenhum outro treinador. Diziam que ele dormia durante os jogos, eu não sei se é verdade, porque era sempre titular. Mas, se dormia, era porque tinha a consciência tranquila do dever cumprido. Trabalhava durante a semana e, nos jogos, confiava na equipe e nos seus ensinamentos.

• PAULO AMARAL

Paulo Amaral, além de preparador físico, foi ainda treinador. Desempenhou muito bem os dois papéis. Era competente e conhecia bem o esporte que já havia praticado. Nos orientava taticamente, fisicamente e também conversava muito com todos. Sempre procurava dar apoio a quem precisasse.

A minha diferença com ele, quando preparador físico, era por minha culpa. Ele era sério e exigente e eu, malandro e preguiçoso para os treinos. Ele gostava dos exercícios físicos, e eu, da bola. Fora isso, o respeito muito e gosto dele. É um grande amigo.

Paulo era implacável. Um dia, na Suécia, ele estava nos castigando num treinamento. Nos pôs em círculo e ele, no centro da roda, ia girando o corpo com um imenso sarrafo seguro pelas duas mãos. Quem não quisesse levar uma sarrafada nas canelas, tinha de pular. E foi girando cada vez mais rápido. Até que seu Feola veio e falou com ele: "Paulo, pare com isso que você vai acabar machucando alguém". Ele respondeu: "Seu Feola, por favor, no meu trabalho mando eu. Não se meta". Depois de toda pulação, ainda tinha as abdominais e uma caminhada de horas pelo bosque que cercava a cidade de Gotemburgo. Eu sempre era o último, e de quando em quando parava para tomar fôlego. Ele sempre reclamava comigo, e eu dizia a ele: "Na hora do jogo, você fica sentado e eu corro 90 minutos".

Paulo teve uma participação fundamental no trabalho que fiz com o Amarildo, quando ele foi substituir o Pelé na Copa de 1962. Amarildo era muito estourado e brigão. Eu apelei para a parte técnica e o Paulo trabalhou essa agressividade dele. Conversava com o Amarildo e dizia: "Agora que eu quero ver se você é mesmo homem". Ele respondia: "Claro que sou". E Paulo voltava a argumentar: "Então, você vai levar porradas, cuspidas na cara, xingamentos, provocações, enfim, vai ser instigado de todas as maneiras. E o melhor: não vai reagir". Ele respondeu: "Aí não vai dar, seu Paulo, vou ter que reagir". Paulo continuava: "Não, aí é que você vai provar que é homem e não vai revidar. Vai pensar na equipe e em não deixar os seus companheiros com 10". No final, comemoramos: Paulo, Amarildo e eu. Conseguimos alcançar o nosso objetivo.

Paulo Amaral era sério, valente e muito forte. Havia sido da Polícia Especial, que, à época, era composta só de homens extremamente fortes e com disposição para enfrentar qualquer situação. Era a "Polícia do Getúlio". Eles só eram chamados quando as outras não podiam fazer mais nada.

Certo dia, ele foi ao cinema, em Copacabana, de moto, como habitualmente andava. Deixou-a estacionada na porta. Entrou, começou a assistir o filme e, não gostando, levantou-se e foi embora. Quando chegou junto de sua moto, viu que havia um rapaz tentando roubá-la, mas com dificuldade de fazê-la funcionar. Ele, como gostava de uma briga, calmamente disse ao rapaz: "Eu tenho uma igual, quem sabe não é nesse botão aqui que você consegue ligar? Me deixa tentar?". Ligou a moto e tomou distância. O cara agradeceu e subiu, preparando-se para sair. Tomou uma porrada que ficou de pernas para o ar.

O Nelson Cintra — diretor de Futebol do Botafogo — morava na Barata Ribeiro, em Copacabana. Embaixo do prédio dele havia uma barbearia. O Paulo foi visitá-lo e deixou seu carro, um Citroën, estacionado na calçada. Quando voltou, achou um cara esvaziando o pneu do veículo. Ele perguntou: "O que você está fazendo aí?". O cara, sem saber com quem falava, respondeu: "Estou esvaziando o pneu desse safado que parou aqui e não podia ter parado". Paulo deu uma porrada nele, que o mandou para o Hospital Miguel Couto. Tirou o carro e, percebendo que o pessoal da barbearia tentava interferir, voltou e chamou todos eles, apesar de estarem com navalhas, tesouras nas mãos, para a briga. Dizia: "São todos butos" — ele trocava o "p" pelo "b". Depois, falaram para a polícia que era um careca do Botafogo. Saíram à caça de todos os carecas: Zezé Moreira, Carlito Rocha e outros.

Numa excursão com o Botafogo, ficamos várias horas no aeroporto por atraso no voo. Jogador de futebol é sempre batuqueiro, ainda mais perto do carnaval. Alguém pediu emprestado o apito do Paulo para marcar o ritmo. Quando chamaram, apressadamente, para o embarque, todos correram e ninguém sabia dizer com quem havia ficado o apito. O Paulo ficou danado da vida e dizia: "Eu quero o meu abito. Se não aparecer, vou dar borrada em todo mundo". Todos apreensivos, de repente o Chicão achou o "abito" do Paulo e começou a apitar e correr dentro do avião, mostrando o grande feito. Devolvemos ao Paulo e escapamos todos de levar uma "borrada".

• AIMORÉ MOREIRA

Aimoré Moreira foi o treinador do bicampeonato. Eu o conheci pouco, apenas trabalhei com ele na Seleção. Era ex-jogador de futebol, era goleiro. Falava o necessário, não complicava e foi muito inteligente ao assumir o lugar do Feola e não inventar. Aproveitou a estrutura formada e apenas substituiu Bellini por Mauro, por questão de revezamento mesmo. Depois, foi campeão em vários clubes por todo o Brasil.

• JOÃO SALDANHA

João Saldanha, o "João Sem-Medo". Conheci o João jornalista, torcedor, diretor e treinador. Ele era uma figura. O gaúcho mais carioca que conheci. Quando cheguei ao Botafogo, em 1948, ele era o diretor de futebol. Em 1957, foi meu técnico e fomos campeões.

Fez uma dupla maravilhosa com o Renato Estelita, no departamento de futebol do Botafogo. Acabaram por revolucionar o departamento.

Quando ele chegou no clube, nós, jogadores, nos concentrávamos às quintas-feiras e só éramos liberados domingo após o jogo. Isso acarretava alguns problemas. Era um esquema de concentração muito cansativo.

Ele, então, mudou tudo. Passamos a nos concentrar sábado à tarde e éramos dispensados domingo após o jogo.

João era muito esperto. Ele participou da compra do Didi. O dinheiro foi dado pelo Dr. Adhemar Bebiano. Essa compra foi muito interessante. O Fluminense estava brigando com o Didi por problemas particulares. Estipulou o passe dele em um milhão, oitocentos e cinquenta mil cruzeiros. Só aceitava se fosse essa quantia. O João, muito esperto, negociou e, na hora do pagamento, foi ao banco e trocou todo o dinheiro em notas de 50. Só que, pelo menos com 20% a menos do que o Fluminense teria estipulado. Não comentou, foi à sede do tricolor e disse: "O que o Botafogo pode pagar é só isso", despejando na mesa do tesoureiro, José de Almeida, uma mala de dinheiro. Quando os dirigentes tricolores viram tantas notas, o acordo foi feito. O tesoureiro passou a noite toda contando o dinheiro, e a torcida do Botafogo comemorando a transação.

O João, quando era treinador, conversava muito com o time, nos conscientizava das nossas obrigações e nos dava força junto à diretoria. Ele usava uma linguagem simples para dar as instruções. Não falava nada com Garrincha e sempre acabava a preleção no vestiário, antes do jogo, dizendo: "Vão lá, façam o que vocês sabem fazer, ganhem o jogo e depois vão comemorar". Assim, montou um time que ganhava todas.

Após o campeonato de 1957, um dia estávamos concentrados no Hotel das Paineiras e quando desci para o café vi o João sentado num canto com uma caneta fazendo desenhos no maço de cigarro. Me aproximei dele e perguntei: "O que você está pensando tanto aí, João?". Ele me olhou sério e respondeu: "Estou montando o esquema tático para o jogo de domingo". Não respondi, mas pensei que ali acabava a carreira de mais um treinador prático.

• GENTIL CARDOSO

O Gentil Cardoso, para mim, foi **treineiro,** era muito malandro, mas muito engraçado. Tinha muitas histórias. Quando foi técnico do Botafogo, nós nos concentrávamos numa casa que funcionava como pensão, na Freguesia, na Ilha do Governador. Ele estava construindo uma casa lá naquele bairro. Deixava a gente na concentração e ia tomar conta da obra. Então, inventou uma novidade: por ser da Marinha, escalava sempre um de nós para ser o oficial do dia. Eu, que gostava de pescar, não concordei com a ideia. Pensei: "Tenho que bolar uma saída para, no meu dia, a coisa dar errado". Assim eu fiz. No dia escalado para mim, passei a corrente com o cadeado no portão e colei um papel na parede que dizia: "Hoje está proibida a pesca".

O pessoal vinha falar comigo e eu argumentava: "Não, tenho responsabilidade, alguém pode cair, se machucar. Enquanto eu for o oficial do dia, ninguém sai daqui". Alguém pulou o portão e foi chamar o Gentil. Assim que chegou, batendo nas minhas costas, falou: "Meu craque — era assim que ele me chamava —, relaxa aí, deixa os rapazes irem pescar". Pensei, é a minha chance: "Não, relaxo nada, depois alguém se machuca no meu serviço e eu é que vou pagar o pato". Resultado: ele me tirou e nunca mais me colocou de novo. Quando não tinha ninguém e eles ficavam discutindo se ia ser eu, dizia de sacanagem: "Se vocês quiserem, eu fico". E um sonoro **"VOCÊ NÃO"** era pronunciado, quase ao mesmo tempo por todos do plantel.

Em 1953, estávamos nessa mesma concentração e ele ainda era o treinador. Sandro Moreyra era um jornalista maravilhoso, muito espirituoso. Foi nos visitar e, conversa vai, conversa vem, colocou uma porção de besteiras na cabeça do Gentil. Acabou por convencê-lo de que ele seria o treinador da seleção em 1954. A divagação do Sandro foi tamanha que chegou ao delírio. Todo mundo viu o Gentil descendo do avião carregando a Taça Jules Rimet. Ele, totalmente envolvido e empolgado, não perdeu a oportunidade de levar vantagem. Chegou para mim e fez uma proposta: "Meu craque, você já viu quem vai ser o treinador, não é? Então, vamos fazer um trato: lá é o país dos relógios. Se eu for, trago um para você; se você for, traz um para mim". Eu ri e respondi: "Não aceito o trato, deixe de esperteza, eu sei que vou, você, eu não sei".

Um dia, Carlyle — centroavante —, Juvenal — meio-campo — e eu estávamos no mesmo quarto, conversando e chupando laranjas. O Carlyle terminava a laranja e a chutava para o teto.

A camareira fez queixas ao Gentil. Ele veio furioso até o quarto. Quando abriu a porta e deparou-se comigo, amoleceu e foi dizendo: "Dá lugar para mais um porquinho aí?".

Ele era muito malandro, ficava na arquibancada, que era de frente para a única entrada do campo do Botafogo. De lá, comandava os coletivos, falando normalmente. Quando via a aproximação de algum dirigente, descia, vinha para o alambrado e começava a gesticular, a dar ordens em voz alta, só para aparecer (para o dirigente). Eu ficava danado da vida. O bom é que comigo ele não se metia. No vestiário, antes dos jogos, só falava assim para a gente, com a cara mais cínica do mundo: "Ganhem o jogo, meus filhos, que o papai aqui precisa comprar ladrilho para a construção da casa dele".

Ele só gostava dos jogadores que tinham mais nome dentro dos clubes, que eram de seleção. Foi assim no Botafogo, no Fluminense, no Vasco, por onde passou. O Ademir Menezes, o meu saudoso amigo "Queixada", certa vez me contou que, quando o Gentil era treinador deles, no Vasco, ele humilhava muito os reservas. Havia um jogador, Vasconcelos — atacante do clube, que depois foi para o Santos, era um bom jogador —, que entrou numa partida e foi bater um pênalti, não deu sorte e perdeu. O treinador o esculhambou no vestiário, ao final do jogo. Na semana seguinte, num outro jogo, o Ademir foi cobrar outro pênalti e também perdeu. No vestiário, quando todos esperavam a bronca dele, nada aconteceu. Gentil tratou de defender o Ademir, dizendo que o goleiro adversário era muito bom e tinha dado sorte no lance. Foi uma revolta geral por parte dos jogadores. Aí, mostrava o tanto que ele era mau caráter.

Certa vez, cheguei atrasado a um treino pela manhã, porque fui dormir tarde. Fui a uma festa. Quando entrei no vestiário para trocar de roupa, me deparei com o Joselias — goleiro reserva —, que me disse: "Graças a Deus, Nilton, que você também chegou atrasado. Assim, posso entrar com você". Perguntei para ele: "O que aconteceu?" "Eu passei a noite em claro com o meu filho que estava com febre", respondeu-me. "Vamos entrar juntos. O que der para você, vai dar para mim." Assegurei a ele. Quando entrei no campo o Gentil veio logo na minha direção e falou: "Pronto, agora posso começar o treino, chegou o homem. O que houve, meu craque?" Mais atrás vinha o Joselias. "E você, crioulo? Depois do treino passa na tesouraria que você vai ser multado". Eu me virei e disse: "De jeito nenhum, se ele for multado eu vou ser também. Cheguei atrasado tanto quanto ele". Ele, cinicamente, disse: "Ué, você já tem padrinho, é Joselias?"

Gentil tinha a mania de formar um júri composto de sete jogadores titulares. O objetivo era julgar as nossas atitudes. Condenávamo-nos ou absolvíamo-nos de acordo com a falta. E ele ficava de fora. Passava a responsabilidade, jogava uns contra os outros e ficava de bonzinho.

No Botafogo, muito a contragosto, cheguei a fazer parte desse júri, até que um dia perdemos um jogo para o Vasco. O jogador Bob — meio-campo — foi expulso e culpado, pelo treinador, pela derrota. O Gentil, muito esperto, reuniu o tribunal, para julgar o Bob. Começou o julgamento e os ânimos foram se alterando. Araty, que tinha vindo do Madureira recentemente, começou a atacar o Bob. O circo começou a pegar fogo. Resolvi que era hora de tomar uma atitude. Levantei e "joguei a toalha",[2] dizendo: "Estou fora. Não faço mais parte desse júri. Somos companheiros, estamos aqui atacando uns aos outros, e o Gentil está aí de bonzinho. Nós ganhamos para jogar futebol,

2 Expressão usada no esporte quando o jogador quer desistir da luta ou do jogo.

não para julgar. Ele é o treinador, ganha para isso. Eu não vou entrar na onda dele".

Com essa atitude, terminou, no Botafogo, o júri do Gentil. Como treinador, ao invés de unir o grupo, ele estava era provocando a desunião.

• JUÍZES

Esse é um grupo do futebol do qual não gosto muito de lembrar. Tenho duas definições para eles: "Juiz de futebol, ou é muito honesto — se errar é realmente porque ninguém é infalível — ou então só serve para atrapalhar e estragar o espetáculo". Tanto que, desde que parei de jogar profissionalmente, só jogo peladas, nas quais eles não estão. Costumava dizer, ainda, que, junto com o avião, eles foram os meus maiores adversários.

Como em todos os setores da sociedade, conheci muita gente boa e honesta desse grupo. A lista não é muito grande: Mário Vianna, com dois enes, foi sem dúvida o maior deles. Alberto da Gama Malcher foi outro. Aírton Vieira de Moraes, "o Sansão", e Gomes Sobrinho também posso incluir.

Por outro lado, tínhamos os que não eram muito "católicos", com suas características próprias, chegando, muitas vezes, a ser engraçados.

Conheci um que apitava no Campeonato Mineiro, o Alcides, conhecido como "Cidinho Boia Nossa". Ele era torcedor declarado do Atlético Mineiro e do Botafogo. Quando uma bola, a favor do Galo, saía pela lateral, ele corria e dizia para o batedor: "Corre, corre, que a bola é nossa". Caso fosse a favor do adversário e um jogador do Atlético pegasse na bola, ele dizia: "Joga para longe, que a bola é deles".

Quando o Atlético jogava contra o Botafogo, eu encostava nele e dizia: "Como é, Cidinho? Como vai ser hoje? Você vai apitar direito?" No maior cinismo, ele respondia: "Não se preocupe, hoje não tem problema, é tudo preto e branco e qualquer resultado tá bom". Outra história do Cidinho — essa contada pelo Pampolini — é que até mesmo o Cruzeiro, quando ia jogar no interior, convidava-o para apitar os jogos. Ele defendia a tese de que time de capital não podia perder no interior. Certa vez, o Cruzeiro jogava contra um time do interior e não estava conseguindo ganhar. Ele tratou de arrumar um jeito, marcando pênalti a favor do Cruzeiro. Bateram e não fizeram o gol. Ele arrumou um segundo, o mesmo jogador bateu e o goleiro defendeu. Cidinho, então, chamou o capitão do Cruzeiro e disse: "Só vou marcar mais um, vê se agora vocês fazem o gol e não deixam mais esse cara bater".

Eunápio de Queiroz, esse era uma gracinha. O apelido dele era "Larápio de Queiroz". Certa vez, o Botafogo jogava com o Santos, no Pacaembu. O jogo estava duro e o empate de 0X0 era um ótimo resultado para nós, porque o Santos jogava melhor.

Eu passava por ele, a todo instante, e perguntava quanto tempo faltava. Ele respondia que o jogo não havia acabado ainda. Olhava para as arquibancadas e via o público, já satisfeito com o resultado, deixando o estádio. Mas, o apito final não vinha. Lá pelas tantas, Doval — ponta direita do Santos — cruzou uma bola na área, o goleiro Manga saiu, mas, sentindo que não dava, voltou, dando uma chance para o Pelé dominar dentro da área e fazer o gol. Nesse momento, ele passou por mim e disse: "Agora, seu Nilton Santos, o jogo acabou". Fiquei louco da vida, xinguei toda a família dele, mas não teve jeito.

No domingo seguinte, o Botafogo jogava contra o Atlético Mineiro, no Maracanã. Para falta de sorte do Botafogo e minha, o Larápio foi escalado de novo, por ser considerado um neutro. Ele era da Federação Paulista. Quando entrei em campo, me dirigi a ele e disse: "Eu vou jogar hoje, porque sou muito sem vergonha". Ele, cinicamente, me respondeu: "Não, deixa que hoje eu vou apitar direito". É mole ou querem mais?

Determinados episódios desfavoráveis da vida profissional da gente, às vezes, é melhor esquecer. Aqui, gostaria de relatar e esclarecer alguns desses fatos.

Não fui um modelo de disciplina quando os "homens de preto", meus eternos adversários, colocavam o dedo na "minha cara" ou roubavam a minha equipe.

Com o senhor Armando Marques, o qual não gostaria de citar, aconteceram dois episódios desse tipo.

O primeiro eu ainda era jogador. Foi num jogo Botafogo e Corinthians, no Pacaembu. Ele marcou um pênalti que não existiu, contra o Botafogo. Fui reclamar da marcação. Ele, todo nervozinho, veio falar comigo e colocou o dedo na minha cara. Aí, não deu. Escureceu e dei-lhe uma porrada. Fui expulso e, ao final do jogo, tive de sair do Pacaembu escondido dentro de um carro. O chefe da delegação era o Dr. Ney Cidade Palmeira. E, como juiz de Direito, se responsabilizou por mim.

O fato é que esse senhor era muito abusado, gostava de dar seu show particular para as torcidas. E eu não podia consentir aquilo. Era um homem decente, o Pacaembu estava lotado. Além do mais, tinha um filho assistindo o jogo, em casa. Já pensaram, eu chegando em casa, ele me cobrando uma atitude que eu deveria ter tomado em campo? Não ficaria bem para mim.

De outra vez, em 1971, eu era diretor de futebol do clube. O Botafogo disputava as finais do Campeonato Brasileiro e foi jogar contra o São Paulo, também no Pacaembu. Eu chefiava essa delegação. Ao chegar no hotel onde concentramos, fui procurado por um jornalista de lá, Bibas, que queria conversar comigo, alertar-me para um fato, que, segundo ele, iria ocorrer no jogo à noite: "Nilton, vocês não vão ganhar esse jogo", foi categórico.

"Por quê? Se futebol é ganhar, empatar e perder? Por que, se o jogo nem começou?". Indaguei surpreso. "Pois tome cuidado, avise aos seus jogadores que não aceitem provocações, o juiz vai expulsar. No banco de reservas do São Paulo, vão estar sentados o governador Laudo Natel e o comandante do primeiro exército, todos dois são paulinos. O Armando vai apitar olhando para o banco", tornou a alertar o jornalista.

No vestiário, após a preleção do Paraguaio, que era o treinador, pedi a palavra. Comuniquei aos jogadores o aviso que eu havia recebido e pedi a eles que ficassem atentos, e com a maior calma possível, que não aceitassem provocações e mantivessem a cabeça fria, para não correrem o risco de uma expulsão. O importante era ganhar o jogo e o título.

Não deu outra. Aconteceu exatamente como o Bibas havia me alertado. Só time do S. Paulo tinha direito de fazer faltas. A favor do Botafogo, ele não marcava nada. Forlan — lateral direito deles, deu porrada em todo mundo e o juiz não mostrou nem cartão amarelo. O Botafogo acabou por perder o jogo de 4X1.

No domingo seguinte, foi o jogo contra o Atlético Mineiro, no Maracanã. Só que o Botafogo praticamente não tinha chances, precisava ganhar com uma diferença de quatro gols. Era, teoricamente, impossível e, realmente, não aconteceu. O Galo ganhou de 1X0.

Eu estava no banco de reservas do Botafogo, tinha ido para o Maracanã, naquele dia, com a ideia de esquecer o episódio do Pacaembu. Mas, novamente, ele apitou mal e perdi a cabeça. Achei um absurdo. Um clube gasta dinheiro com o plantel, com o treinador, treina a semana toda, se prepara e, na hora do jogo vem um juizinho qualquer e acaba com o espetáculo.

Após o apito final, Zequinha e Fischer correram em direção ao Armando. Fui mais rápido e impedi a passagem deles.

Dei um empurrão no juiz que, para minha sorte, caiu no túnel deles, mas não se machucou. Senão, eu ainda poderia ter me complicado.

O que quero esclarecer é que o público vê um diretor ou um jogador agredir um juiz e, às vezes, não entende nada. Acha que foi dor de cotovelo porque o agressor perdeu o jogo. Quis contar com detalhes esse fato para que compreendam por que agredi o Armando Marques. Por causa disso, nunca recebi tantos cumprimentos na rua. Até autoridades foram à minha loja, na época, para dizer que eu fiz o que eles gostariam de ter feito.

O juiz de futebol mais correto que conheci foi o Mário Vianna, com dois enes. Ele era correto, justo, estava sempre em cima do lance. Claro que deve ter se enganado algumas vezes, mas nunca errou propositadamente. Falava com o jogador com firmeza e autoridade, mas sem vedetismo.

OS MAIORES JOGADORES QUE VI JOGAR

GOLEIROS: Banks, Yachine, Gilmar, Castilho e Manga.

LATERAIS DIREITOS: Djalma Santos, Carlos Alberto Torres, Nelinho e Leandro.

ZAGUEIROS CENTRAIS: Basso, Mauro, Bellini, Nena e Luiz Pereira.

QUARTOS ZAGUEIROS: Boby Moore, Orlando Peçanha, Zózimo e Piazza.

LATERAIS ESQUERDOS: Júnior, Ferrari e Altair.

MEIOS DE CAMPO: Zizinho, Beckenbauer, Cruiff, Overatti, Zito, Didi, Gérson, Rivelino, Luizinho, Danilo, Jairda Rosa, Dirceu Lopes, Bauer, Ademir da Guia, Nestor Rossi e Clodoaldo.

PONTAS DIREITAS: Garrincha, Julinho, Sabará e Cláudio.

ATACANTES: Pelé, Vavá, Puskas, Kopa, Pirilo, Amarildo, Ademir Menezes, Budal, Di Stefano, Platini, Kokis, Zico, Tostão, Maradona e Just Fontaine.

PONTAS ESQUERDAS: Zibal, Canhoteiro, Pepe, Zagalo e Rodrigues.

MINHA EXPERIÊNCIA COMO TREINADOR

Todas as vezes em que fui treinador de futebol profissional foi por mero acaso. Só por insistência dos amigos.

Nunca quis ser treinador. Não foi o meu objetivo de vida depois que parei de jogar. O que eu gosto mesmo é de trabalhar com crianças. Elas respeitam a gente e param para escutar. O adulto não, por estar jogando num time profissional, se acha craque já sabendo de tudo. Passa a rebolar e eu, decididamente, não tenho muita paciência. Conheci muita gente boa de futebol que não esnobava.

O primeiro time que assumi foi o Galícia da Bahia. Foi em 1971, a convite e por insistência dos meus amigos "Mimi", Walmir Moreira e Antônio Penna.

Penna era o presidente do clube e o Mimi era o meu diretor de futebol. Foi uma experiência boa. Fiquei por lá pouco tempo, uns dois meses. Isso, devido às obrigações que tinha no Rio. Os compromissos não me deixavam ficar ausente por muito tempo.

No meu primeiro contato com o plantel, aconteceu um episódio engraçado. Fui apresentado à equipe na concentração. Todos estavam à mesa almoçando. O jogo seria mais no final da tarde. Percebi que só havia um jogador sentado separadamente, sem comer, lendo uma revista. Fiquei intrigado com o fato e logo perguntei o porquê. Responderam-me que aquele era o "Quinha", lateral esquerdo do time e que não comia antes dos jogos. A última vez que comeu, passou tão mal que quase morreu. Então, optou por não almoçar. Só jantava, após os jogos.

Não me conformei com as explicações. Encostei nele e tentei levar um papo: "Rapaz, você vai jogar, vai queimar carvão e não come nada antes?" Ele respondeu: "Não, seu Nilton, eu quase morri na última vez em que comi e agora tenho medo. Prefiro não comer nada antes dos jogos". Tentei, ainda, argumentar que tinha sido jogador também e que antes dos jogos sempre comia pouco, mas comia alguma coisa. Um bife com duas ou três rodelas de tomate. Mas, não foi o bastante para convencê-lo. Foi jogar sem comer nada.

Fiquei tão impressionado com aquilo que, ao final do jogo, voltei a marcá-lo de perto. Ele entrou no restaurante e falou: "Agora, ninguém me segura". Fez um prato de trabalhador braçal, duplo: arroz, feijão, batata, bife, legumes e farinha. Em cima da "montanha", pingou bastante pimenta. Corri para ele e indaguei: "Não me diga que você comeu desta maneira no dia em que passou mal?". Ele, calmamente, respondeu: "Foi, seu Nilton, eu só sei comer assim". "Então, rapaz, dê graças ao Senhor do Bonfim por você não ter morrido, porque era para morrer", tornei a comentar.

Percebi que precisava fazer um trabalho de educação alimentar também, além dos treinamentos técnicos normais do futebol, com esse rapaz. Quando saí do clube, ele já comia o seu bifinho com tomate e um copo de leite antes das partidas.

A campanha com o time foi boa.

Ainda em 1971 e 1972, fui diretor de futebol e membro da Comissão Técnica do Botafogo. O vice-diretor de futebol era o Toniato, treinador, o Tim. Nessa época o Botafogo trouxe o Fisher, centroavante. Logo no aeroporto, quando o conheci, não levei muita fé. Ele era muito grande e desengonçado para ser atacante.

Em 1980, viajei de férias para Salvador. Fui buscar um merecido descanso, após alguns meses de excessivas preocupações com uma loja de material esportivo que eu tinha no Rio, em Botafogo: "Nilton Santos Material Esportivo Ltda.".

Uma experiência péssima, descobri que não sei ser comerciante. Não sei vender e nem cobrar ninguém.

Nessas férias, fui procurado pelo presidente do Vitória, que me queria como treinador do clube.

Após muita insistência, inclusive da minha mulher, que queria ficar uns meses em Salvador, resolvi aceitar.

O clube estava em condições financeiras precárias, sem pagar em dia, havia algum tempo, os salários dos funcionários e jogadores. Nas concentrações, os jogadores brigavam por comida, por tamanho de bife e pedaços de galinha. Nunca tinha visto nada igual. Ia para os treinos com dinheiro e voltava duro. Os funcionários, aos poucos, perceberam que eu era muito mole de coração e todo dia alguém tinha um drama para me contar. Eu acabava dando algum dinheiro.

Em 1983, fui novamente integrante da Comissão Técnica do Botafogo, junto com o Gérson.

Ainda em 1983, o Beto, presidente da Escola de Samba União da Ilha do Governador, me fez um apelo para que eu assumisse o Bonsucesso Futebol Clube.

Assumi e foi realmente um sucesso. Revolucionei o quadro social. Os sócios afastados voltaram por minha causa e o clube começou a crescer. As arquibancadas lotavam nos treinos e nos jogos. Tinha até batucada feita pela bateria da União da Ilha.

A equipe em si não era de um nível técnico excelente, era de um time considerado "pequeno" do Rio de Janeiro. Mas tinha alguns valores individuais bons. Inclusive um meio-campo, Ataíde, que mais tarde eu indiquei para o Botafogo. Armei um time bem estruturado e acabei classificando o clube para a Taça de Prata.

Orientei o time no sentido de tocar a bola, nos últimos minutos dos jogos, sempre que estivesse ganhando ou empatando. Faziam isso muito bem e, assim, garantimos alguns resultados positivos.

Quando fomos jogar contra o Flamengo, no Maracanã, treinei a equipe de maneira especial e quase deu certo. Armei todo o jogo com o Peninha, o meu ponta direita, em cima das várias subidas do Júnior ao ataque. Só que, com 10 minutos de jogo, o Peninha machucou-se e teve de ser substituído. Mesmo assim, empatamos.

Tive alguns problemas no clube, principalmente com a "estrela", que era o Dé. Eu costumava dizer a ele que o Bonsucesso era muito pequeno para nós dois. O Dé era malandro demais, e o pior é que tinha o apoio do diretor de futebol, Luizinho Drumond. Não treinava a semana inteira, quando chegava sexta-feira, dia de coletivo para tirar a escalação de domingo, ele aparecia e queria jogar. Aí ficava no banco.

Dé se esquecia de que eu já tinha estado no lugar dele e sabia de todas as manhas.

Por não escalá-lo, acabei por criar problemas com a diretoria. Sabia que ele era o maior salário do Bonsucesso. O fato de ele não jogar acabava sendo prejuízo para o clube. Mas, por outro lado, eu achava também que ele deveria treinar. Sei que esses problemas me impedem de ser treinador profissional. Acho a maior sacanagem e, mais, falta de consideração com os companheiros, um jogador, por se considerar "estrela", não treinar, chegar atrasado, e, no dia do jogo, ser escalado pelo treinador normalmente, como se tivesse agido bem a semana inteira.

Acho que ainda não deixei de ter a mentalidade de jogador. Quando acontece uma perseguição ou uma atitude contra os jogadores, por parte da diretoria, eu, teoricamente, sendo "cartola", deveria ficar do lado deles. Só que acabo defendendo os jogadores, e essa atitude não agrada a nenhum dirigente.

Certo dia, fomos jogar contra o Bangu, em Moça Bonita. Antes de começar a partida, recebi uma homenagem deles. Logo que o jogo começou, percebi que o Luizinho não estava sentado no banco, ao meu lado, como sempre fazia. Depois, fiquei sabendo que ele estava nas cadeiras, ao lado do Castor de Andrade. Jogamos bem e acabamos vencendo por 1X0.

No vestiário, o "Fantasma", um jornalista amigo meu, do Rio, chegou e me disse: "Nilton, você vai ser demitido". Espantado, perguntei: "Por quê? Classifiquei o time para a Taça de Prata, acabei de ganhar um jogo importante e duro, por quê"? "Por isso mesmo. O Bangu precisava desse resultado e o Bonsucesso não poderia ganhar aqui em Moça Bonita". Achei graça. Ninguém me avisou isso. Pensei que futebol fosse perder, ganhar ou empatar.

Mas o Fantasma estava certo. No dia seguinte estava estampada no *Jornal dos Sports* a minha demissão. Fui demitido pelo jornal.

Em 1984, fui convidado pelo Jorge para treinar o São Paulo, um time da cidade de Rio Grande, no Rio Grande do Sul.

O Jorge é gaúcho e professor de educação física. Ficamos amigos por ocasião do curso de técnica de futebol que fizemos juntos na Escola de Educação Física do Exército. Ele, já preparador físico do São Paulo e querendo trabalhar comigo, convenceu os dirigentes locais a me contratar. Mais uma vez, atendi ao apelo de outro amigo.

Essa concessão talvez tenha sido mais desastrosa que as outras. O frio era insuportável. Eu não tinha vontade de tirar os inúmeros agasalhos que usava na hora dos treinamentos, e isso dificultava muito.

O São Paulo é um clube pequeno. O Campeonato Gaúcho estava em andamento. Os jogos eram entre os times de outras cidades vizinhas. As viagens, sempre de ônibus, tensas e cansativas.

Aconteceu até um episódio muito engraçado nesse clube. Certa vez, fui visitar a sala de troféus deles e me assustei com uma taça serrada ao meio. Perguntei o que era aquilo e fui informado de que havia alguns anos, num dos campeonatos do Estado, dois times terminaram empatados, o São Paulo e um outro. Como o juiz não fez o desempate, eles resolveram repartira taça.

Os dias foram correndo e eu louco para ir embora. Num desses dias, fui conhecer a Praia do Cassino. Lá, passeando dentro do carro todo fechado, por causa do frio, vi um pinguim morto na areia. Percebi que era hora de voltar. Usei isso como álibi: "Se um pinguim não aguentou o frio de vocês, eu é que não vou aguentar mesmo". E tirei o meu time de campo, voltando para a Cidade Maravilhosa.

A última experiência que tive como treinador de futebol profissional foi em Brasília, quando assumi o Taguatinga.

Em 1987, fui convidado pelo então vice-presidente do clube, Wander Abdala. Um abnegado dirigente de futebol, mais amador que profissional, fanático pelo futebol e muito íntegro. Foi ele que, dentro das possibilidades, me deu todas as condições de trabalho no clube.

A equipe era modesta, mas disciplinada. Não tinha nenhuma grande estrela, eles eram homogêneos. Conseguimos conquistar o primeiro turno do Campeonato Brasiliense e acabamos indo para a final com o time do Brasília.

Essa decisão foi muito interessante. A minha preocupação era que fizéssemos tudo igual, como fizemos até chegar ali, porque estava dando certo. Mas, comecei a ser vencido pelos dirigentes. Costumávamos concentrar o time de um dia para o outro. Na decisão, resolveram concentrar desde sexta-feira. No bom hotel, farta comida etc, comeram demais, descansaram demais, tudo foi diferente do antes e diferente do que eu queria e programava.

No domingo de manhã, notamos a falta de dois jogadores na concentração.

Na preleção, voltei a chamar bastante a atenção dos jogadores para a vantagem que tínhamos de jogar pelo empate. Coloquei para eles que já começávamos o jogo ganhando o campeonato. Então, o que deveríamos fazer era tocar a bola calmamente e não podíamos levar gol, de maneira nenhuma, nos 15 primeiros minutos de jogo. Disse que a equipe adversária é que tinha de sair para o jogo. Eles é que tinham de correr atrás da vitória. Nós, na cara e coroa, já estamos ganhando.

Infelizmente, parece que tudo já estava escrito e que eles nem sequer escutaram as minhas advertências. Nos primeiros 15 minutos, o Bilzão, quarto zagueiro, perdeu a bola no meio-campo e foi correndo atrás do atacante do Brasília — não teve nem o recurso de fazer uma falta — até a entrada da área, quando fez o gol. Com o agravante de todo o time do Taguatinga também não fazer nada, ficar assistindo à falha do Bilzão. Não houve nem senso de cobertura e nem sequer valeu o instinto de defesa.

Ao final do jogo, Bilzão chorava no vestiário. Eu cheguei perto dele e disse: "Agora, não adianta nada, você deveria ter feito pelo menos uma falta. Agindo assim como você agiu, vai chorar a vida toda".

E eu, que não perdi nenhuma decisão na minha vida enquanto jogador, tive de amargar essa como treinador, perdendo o Campeonato Brasiliense. Por isso, não é bom ser treinador de futebol. Você passa a depender dos outros, quando a vida toda só dependeu de você mesmo.

MEU TRABALHO COM AS CRIANÇAS

Um pouco antes de encerrar minha carreira como jogador profissional, fui convidado pelo então vice-governador da Guanabara à época, Raphael de Almeida Magalhães, para trabalhar no Estado. Ele criou um quadro especial dentro da Administração dos Estádios da Guanabara — ADEG — hoje — Superintendência de Desportos do Estado do Rio de Janeiro — SUDERJ que funcionava no Maracanã, só para ex-jogadores de futebol. Assim como eu, foi contratado também o Castilho. O presidente era o Dr. Emílio Ibrahim.

De início, ficamos com a incumbência de fiscalizar a aplicação das verbas dos clubes amadores, sentindo a necessidade de ajuda aos mesmos e promovendo as competições esportivas entre eles. Ficamos incumbidos ainda de, em todas as excursões pela Europa com os nossos clubes, fazer minuciosas observações sobre a organização, a administração e o funcionamento dos estádios de todos os lugares percorridos. Na volta, fazíamos relatórios.

Com isso, contribuímos, mais tarde, para as inovações das próximas construções de estádios no país, como o Mineirão. E no próprio Maracanã, também foram feitas algumas modificações, como a colocação de piso de borracha antiderrapante e de banheiras individuais.

Nós tínhamos credenciais da presidência da ADEG para ter livre acesso a todas as dependências dos estádios, clubes e federações dos países visitados.

Mais tarde, foram contratados outros jogadores, como Ademir Menezes, Telê, Pampolini, Adalberto, Chico, Jair da Rosa Pinto, Lima, Orlando "Pingo de Ouro" e tantos outros.

Depois, o Raphael criou a Fundação de Garantia ao Atleta Profissional — FUGAP —, hoje Associação de Garantia ao Atleta Profissional — AGAP. Fiz parte da primeira diretoria fundadora: presidente — Castilho, depois Décio Esteves (o Castilho foi para Arábia); diretor-tesoureiro — Nilton Santos; secretário — Décio Esteves, depois Telê Santana, quando Décio foi para a presidência.

Como tesoureiro, eu tinha a pior missão. Cabia à FUGAP 7% da renda bruta dos jogos do Maracanã e eu pegava aquele dinheiro, no meu carro, e levava para depositar no Banerj, no centro da cidade. Na época, eu já achava perigoso, morria de medo de assalto. Hoje, nem se fala, nem aceitaria o cargo.

Esse trabalho foi muito interessante. Fizemos muito pela classe. Concedíamos empréstimos, doações de casas populares e financiávamos vários veículos para táxi. Nós pagávamos as aulas na autoescola, eles tiravam as carteiras profissionais e se habilitavam aos carros.

Certo dia, recebo a visita da mulher do Mendonça — lateral direito do Bangu que tinha ficado inutilizado para o futebol porque num jogo com o Fluminense foi preparado para parar o Didi, de qualquer maneira, e, num choque violento, acabou quebrando a perna — ela me pediu para a FUGAP ajudá-los, pois ele estava trabalhando de varredor no Bangu e não conseguia pagar o aluguel.

Fiquei sensibilizado com a situação e resolvi sensibilizar o Raphael também. Afinal, quem tinha quebrado a perna do Mendonça tinha sido um jogador do Fluminense, que é o time dele. Raphael acabou por dar o nome do engenheiro responsável pelas casas populares da Vila Kennedy e mandou o Mendonça ir lá escolher uma para ele. Confesso que, naquela noite, eu nem dormi direito, louco para amanhecer e poder ligar para o Bangu atrás do Mendonça, para dar a notícia. Achei que ele ia ficar contentíssimo. Enfim, eu o encontrei e dei a notícia. Qual não foi minha surpresa, quando ele me disse: "Não, Nilton, eu não quero nada disso não. Quero é um emprego". Eu tentei, ainda, argumentar: "Mas rapaz, o Estado está te dando essa casa. Você não vai ter que pagar nada, pega a casa depois você consegue o emprego". "Não, Nilton, eu não quero não". Fiquei tão decepcionado que custei a me recuperar.

Equilibrado foi o Miguel, ponta direita do Bangu: financiamos um táxi para ele. Além de pagar direitinho, ele trabalhava muito mais durante o dia. À noite, tirava para descansar e evitar os assaltos.

O mandato foi de dois anos. Após esse período, queriam que eu continuasse, mas achei por bem sair, já tinha corrido muitos riscos e nada aconteceu. Não podia ficar brincando com a sorte. Voltei para a ADEG.

Depois de organizar várias associações — fizemos torneios, campeonatos etc. —foi a vez de começarmos a trabalhar com as crianças, formar escolinhas de futebol por todos os subúrbios do Rio de Janeiro.

Nessa época, eu começava a descobrir o prazer de trabalhar com as crianças e a ver nelas o entusiasmo pelo futebol, por estar aprendendo com ex-jogadores.

Tempos depois, fui trabalhar na Legião Brasileira de Assistência — LBA — com a mesma missão: ensinar futebol a crianças carentes. Foram momentos gratificantes ao lado daquelas crianças. Eu ensinava a elas a arte de jogar futebol e elas me mostravam como era difícil a vida das crianças pobres desse país. Apesar de ter tido uma infância pobre, hoje acho que elas sofrem mais do que sofri.

Trabalhei, uma época, no Estádio Caio Martins, em Niterói. Montei uma escolinha muito boa, mas a LBA não tinha verba para dar ajuda de custo para a gasolina. Para facilitar, resolveram me transferir para a Ilha do Governador, onde eu morava. Aí, um fato engraçado aconteceu: eles mandaram, para me substituir, um rapaz que estava fazendo educação física. Quando me coloquei à frente dos alunos para dizer a eles que estava indo embora e apresentá-los ao novo professor, um deles se virou de costas e quando eu pedi que se voltasse para a frente, me respondeu: "Não, professor. Eu não aceito. Contei em casa, no colégio e para meus amigos que estava aprendendo futebol com o Nilton Santos, campeão do mundo. Agora vem esse cara aí e diz que é o professor? Eu não aceito, não posso aceitar". "Rapaz, olha para frente, esse professor é tão bom quanto eu, você vai ver, não se aborreça não", disse, tentando contornar a situação. "Não, professor, eu não aceito e vou sair dessa escolinha", respondeu. E, realmente, não houve jeito. Fiquei chateado, mas nada pude fazer, precisava ensinar agora às crianças da Ilha.

Por eu ter morado na Ilha do Governador e ter um bom relacionamento com todos, ajudei a LBA a conseguir campos de futebol lá mesmo, para treinar a garotada. Numa época, consegui um campo que é dentro de um quartel do Exército, bem na saída da Ilha. O comandante era botafoguense; me cedeu, além do lugar, o lanche para a garotada. Foi maravilhoso.

Eu trabalhava com os garotos da Favela da Maré. Nessa turma, tinha vários meninos que eram "barra pesada". Eles andavam com estiletes enfiados nas meias e, muitas vezes, eu via e recolhia durante o treinamento. Eles me contavam que entupiam os bueiros da Avenida Brasil para que, quando chovesse, os carros fossem obrigados a parar. Assim eles podiam assaltar. Tentava conversar com eles e colocar nas suas cabeças que esse não era o caminho. Eles me diziam: "Professor, quando parar um parente seu na Av. Brasil, em dia de chuva, manda falar no seu nome que a gente livra ele".

Aconteceram fatos muito interessantes com esses grupos de crianças que eu treinava pela LBA. De quem mais me lembro era de um menino chamado de "Beiço". Logo nos primeiros contatos que tive com a turma percebi que teria problemas com ele. Era um líder negativo. Batia nos outros, pulava o muro, respondia aos soldados. Então, resolvi que precisava chegar mais perto dele e trazê-lo para mim. Coloquei-o logo como meu ajudante, dando-lhe tarefas de distribuir as camisas, ajudar a organizar a fila para a distribuição do lanche, enfim, fazendo-o se sentir importante e útil. Foi a dose certa. Dentro de alguns treinos, eu tinha comigo o mais fiel aliado.

Só dei um furo com ele: um dia, o Beiço machucou-se num treinamento e eu, com pena e achando que estava fazendo um bem a ele, levei-o a Marechal Hermes, no campo de treinamento do Botafogo, para o Dr. Lídio Toledo examiná-lo. O Dr. Lídio tratou muito bem o Beiço, como trata sempre todas as pessoas as quais peço para ele examinar. Receitou, deu os remédios e depois colocou-o fazendo o treinamento adequado na enfermaria, junto com os outros jogadores do Botafogo. Ao voltar, ele chegou e contou pra todo mundo, fazendo inveja aos outros. Resumindo a história: todo dia, algum lugar do corpo dele e dos outros doía, só para eu levá-lo, ou algum outro, de novo ao Botafogo.

De outra vez, logo que cheguei ao campo de treinamento, percebi que alguma coisa tinha acontecido com o Beiço porque ele estava triste e inquieto. Me aproximei, tentei levar um papo: "E aí, Beiço? O que aconteceu? Você não está muito bem hoje. Pode se abrir comigo". Ele, depois de hesitar um pouco, respondeu-me: "É, professor, eu estou puto com o meu pai e vou dar porrada nele". "Você está louco, Beiço? Dar porrada no seu pai? Por que?", perguntei. "Ah, professor, todo dia ele chega de porre em casa, bate na minha mãe, depois transa com ela, e a gente é obrigado a assistir a tudo porque no barraco não tem espaço, eu estou de saco cheio dessa vida". "O que o seu pai faz?" "Ele é PM lá na Ilha". "Como é o nome dele?" E ele me deu o nome todo do pai. "Deixa isso para lá, vai jogar sua bola que, com o tempo, tudo se resolve, você vai ver".

Que sorte a minha, pensei. O comandante da PM da Ilha era meu amigo de pelada. Por isso, dei uma força para o Beiço, mas já me programando para ir à tarde ao Batalhão.

Quando cheguei, fui logo recebido com festa pelo Comando da PM e eles me perguntaram o que eu queria lá. Respondi que precisava falar com um soldado deles. Foram chamá-lo e o comandante foi logo me dizendo: "O que é, Nilton, ele fez alguma merda? Diz logo, porque se fez vai ficar detido". "Não, comandante, eu não vim aqui para dedurar ninguém, só quero levar um papo com ele. Daqui a pouco chegou um mulato alto e forte, se apresentando como o tal soldado. Logo que foi apresentado a mim pelo comandante, ele disse: "É um prazer conhecê-lo, Sr. Nilton Santos, os meus filhos falam muito bem do senhor". "É, mas eles não têm que falar bem de mim não, eles têm que falar bem é de você, que é o pai deles", disse. Comecei assim e acabamos dando a maior lição de moral nele. Eu e o comandante.

Passados alguns dias, arrisquei perguntar ao Beiço como ia a situação em casa, se as coisas tinham melhorado um pouco. E ele, todo feliz, me respondeu prontamente: "É, professor, acho que minha mãe fez macumba pra ele porque está um santo". Achei muita graça e saí sem prolongar mais o assunto. O importante é que eu tinha conseguido fazer alguma coisa por ele e pelo pai.

Gosto mais de trabalhar com crianças porque elas param para ouvir a gente, têm mais respeito e querem aprender. O adulto acha que já sabe tudo, que o futebol começou agora com ele e começa logo a rebolar. Eu, que já vi grandes craques nessa minha vida dentro do esporte, não consigo aguentar isso.

As escolinhas são muito importantes. Hoje, mais ainda do que quando eu era menino e até há alguns anos, porque ainda tinha vários campos de várzea à disposição nos grandes centros. Agora, não, só tem prédios e construções. A criança precisa das escolinhas para ter espaço, um lazer e também ter um esporte dirigido.

Se os grandes clubes levassem a sério as escolinhas, o futebol não estava tão inflacionado.

A maioria dos atletas seria feito em casa, não precisaria ser comprado, como é feito hoje em dia.

Toda vez que tenho crianças nas mãos, procuro sempre passar a elas alguma mensagem a mais que o futebol.

Certa vez, ainda na Ilha do Governador, a LBA fez uma colônia de férias com as crianças carentes do bairro. Como sempre, o futebol ficou por minha conta. Juntei o meu grupinho e fomos fazer o jogo no campo da Colônia de Pesca Z-01. Formei o time e logo quando começaram a jogar notei um garoto que gritava com todo mundo, xingava os companheiros. Ele errava, os outros não podiam errar. Passei por ele algumas vezes e dizia: "O que é isso, rapaz? Vocês estão aqui para brincar, olha como você fala com os outros, olha o seu vocabulário" e assim por diante, e nada de ele melhorar. "Eu sou bom", me respondia.

Quando o jogo acabou, eu fui saindo e vi esse garoto numa rodinha, reclamando de todo mundo. Aí, não aguentei, meu lado menino falou mais alto e parti pra ele fazendo um desafio: "Você sabe fazer embaixadinha?". Ele me respondeu: "Sei, sim, mas não vai dar pro senhor não". "Eu não estou dizendo que dá, só estou querendo fazer uma brincadeirinha com você. Olha, vamos ver quem consegue fazer 50. E eu começo". Peguei a bola, fiz 48 embaixadas. Parei e disse a ele que aquelas eram para ele e que agora eu ia fazer as minhas. Ele já ficou surpreso me olhando. Peguei novamente a bola e fiz mais 48, segurei a bola com as mãos e me dirigi aos outros garotos da rodinha: "Estamos empatados. Quem de vocês sabe fazer embaixadas aí?". Um dos meninos respondeu que umas 10 ele fazia. Então falei: "Faz duas aí pra eu ganhar dele". Falei e saí, me sentindo vitorioso.

Passados alguns minutos, vejo que o bonzão estava do meu lado outra vez. Tentei evitá-lo, troquei algumas vezes de lugar, mas ele insistiu. Achei que estava na hora. Virei para ele e disse: "O que é, rapaz? Você quer falar comigo?". Ele respondeu: "O senhor ganhou de mim, mas também o senhor jogou bola". "Joguei, mas já faz muito tempo. E mais, quando eu tinha a sua idade, um velho assim como eu não ganhava de mim não. Olha, rapaz, aprenda essa lição: quando alguém perguntar se você joga futebol, se você é bom jogador, responda sempre: mais ou menos. Porque assim ele não vai esperar muito de você, e quando você jogar bem, vai surpreendê-lo. Se você já vai logo dizendo que é o Pele, ele não vai aceitar nenhum deslize seu. O mais importante é ter humildade. Com ela, podemos alcançar muitos objetivos." Ele ficou quieto e pensativo, depois de me escutar. Acho que consegui passar o recado pra esse garoto.

Depois dessa experiência, tive uma outra em Uberaba. Um juiz de Direito da cidade e também ex-jogador do Botafogo, Paulo Maia, que morava na cidade, me convidou para visitá-lo e me fez uma proposta de ficar na cidade e fazer um projeto de escolinha de futebol para a prefeitura local.

Inicialmente, montei, em sociedade com uma pessoa da cidade, Reinildo, uma escolinha de futebol particular, paga e dirigida às classes média e alta. Ele entrava com o campo e as dependências e eu com a parte prática e burocrática da escola. Era um minicomplexo desportivo que se chamava REYBALL.

Conseguimos muitos alunos e a coisa estava dando certo. Mas, tive de parar por falta de tempo, pois o meu projeto já tinha sido aprovado na prefeitura e eu não podia fazer as duas coisas.

Em Uberaba, conheci também uma pessoa fantástica que me ajudou muito na montagem do projeto, que foi o Luiz Gonzaga. Na época, ele era diretor da TV Regional, que transmitia as imagens da Manchete do Rio. No início, ele foi apenas um jornalista influente da cidade que me ajudou a montar o projeto e a conseguir o apoio do prefeito Wagner do Nascimento. Depois, tornou-se meu maior amigo. Um irmão e aliado nas lutas do dia a dia.

O projeto chamava-se "Bola de Meia". Consistia numa ação conjunta de algumas secretarias de dar assistência médica, dentária e um lanche para as crianças. Dividimos a cidade em quatro núcleos e começamos a trabalhar. Foi um trabalho muito interessante e gratificante. Depois, criamos a "Recreação Bola de Meia", que era uma extensão do projeto inicial com recreações aos domingos e feriados nas praças e ruas da cidade. Essa recreação era orientada e para todas as idades: desde criança de um ano, mais ou menos, até senhores, que ficavam jogando dama, dominó e xadrez. As crianças faziam desenhos incríveis com lápis de cor e lápis de cera, trabalhavam com massa de modelar, joguinhos etc. Eu tinha um programa diário na Manchete, na hora do almoço, onde contava histórias de futebol. E, todas as segundas-feiras, levava os desenhos mais interessantes das crianças e mostrava na televisão.

A minha estada em Uberaba, como tudo na vida, tinha os dois lados. Eu agradava a alguns e aborrecia a outros. Eles tinham ciúmes porque o projeto deu certo e eu não era filho de lá. Pessoas de visão, como um jornalista do Jornal *Lavoura e Comércio*, o mais antigo e tradicional da cidade, Ataliba Guarita Netto, o Netinho, como é tratado por todos, me dava força e me pedia sempre que eu não ouvisse as críticas, só os elogios, porque eu era muito importante para Uberaba. Numa época até que fui mesmo, porque divulgava a cidade em cada contato meu. É o que faz o xará, o Djalma Santos, que vive lá até hoje. Aliás, ele chegou lá primeiro que eu. Foi para a Arábia, a Itália e depois retornou.

Em 1986, fui convidado pelo meu amigo Armando Nogueira, então diretor da TV Globo, para comentar a Copa do Mundo no Programa Bom Dia Brasil, em Brasília. Passei um mês lá, me encantei pela cidade e decidi que iria viver o resto dos meus dias lá. Quando os comentários acabaram, voltei a Uberaba, continuei trabalhando, mas com o pensamento em Brasília.

Novamente, o Raphael de Almeida Magalhães então Ministro da Previdência, volta em cena para me oferecer trabalho. O Ministério, através da LBA e de um convênio com o Governo do Distrito Federal, ia lançar um projeto chamado "Recriança", que consistia em formar escolinhas de diversas modalidades desportivas nas cidades-satélites do DF. Aliado ao projeto, surgiu o convite do Wander Abdala para eu treinar o time do Taguatinga. E assim, em maio de 1987, eu me despedia de Uberaba.

Na semana em que estava para ir embora, fiz uma visita aos jornais e rádios que muito me apoiaram em Uberaba para agradecer e despedir das pessoas. Recebi muito carinho de todos, e a última crônica do Netinho eu transcrevo aqui:

> Ao Nilton Santos
> Você foi ídolo de uma geração...
> Fez muita gente chorar de alegria...
> Conseguiu levantar muitas galeras.
> Representou quatro vezes "o canarinho" por este mundo afora.
> Já foi alvo de muitas atenções.
> Deu milhões de autógrafos.
> Trocou muitas camisas.
> Colecionou medalhas e troféus.
> Foi bicampeão mundial de futebol.
> O tempo passou... Mas o amor pela bola ficou.
> Choveu de convites. Mas Uberaba o cativou.

E você deixou vazar o que estava escondido por trás do jogador de futebol. Você, Nilton Santos, é uma figura humana como poucas. Você acredita no futuro das nossas crianças e investe nelas. Você abriu as portas para o esporte, fechando em seguida para a marginalidade, ociosidade, drogas. Sim, porque o menino que se interessa em se dar bem no seu time preocupa-se com seu preparo físico, aprende a conviver, a defender sua camisa e a respeitar quem o ensina. O seu 'Projeto Bola de Meia' é uma das coisas bonitas que Uberaba tem. Que vinha se alastrando, como uma epidemia saudável e dignificante.

Agora, você me aparece com a notícia de que vai para Brasília. Sabia que mais cedo ou mais tarde isso aconteceria. O Brasil não iria lhe entregar assim, de graça. Mas, se eu pudesse fazer alguma coisa pelas crianças de nossos bairros carentes, eu não lhe deixava ir.

Ataliba Guarita Netto
Jornal Lavoura e Comércio

Obrigado, Netinho, pelo seu apoio e por suas palavras. Às vezes, penso que não gosto muito de receber homenagens por não saber fazê-lo. Mas, essa crônica, eu precisava mostrar a todo mundo. Afinal, é um reconhecimento ao trabalho da gente. Não faço para receber elogios. Faço por ideal, e um incentivo é sempre bem-vindo.

Assim, em maio de 1987, já estava em Brasília treinando o Taguatinga Futebol Clube, e em julho já voltava a trabalhar com as crianças, agora no Departamento de Educação Física, Esporte e Recreação (DEFER) do Governo do Distrito Federal.

Primeiro, foi o Projeto Recriança, que percorreu todo as cidades-satélites do Distrito Federal. Mais tarde, veio o convênio OK/GDF/DEFER. Era a Fundação OK fazendo escolinhas para as crianças carentes nas satélites.

Nesse convênio, além de mim e do Roberto Dinamite no futebol, tinha a Isabel no vôlei e o Ubiratan no basquete como motivação para as crianças aprenderem o esporte. Nós supervisionávamos o trabalho dos professores, demonstrávamos exercícios, fazíamos palestras etc. As crianças ainda tinham um lanche e ajuda no material escolar.

Mudança de governo e o convênio acabou. Voltei a dar aulas só no Mané Garrincha, na escolinha de futebol, no complexo desportivo, pois agora não me permitem mais usar o campo. Meu estádio de hoje é o "Barrão" — porque é realmente um barro só, no tempo das chuvas. E, um pó solto, com muito vento, que meus cabelos brancos chegam a ficar amarelos no tempo da seca.

A escolinha do DEFER tem mais ou menos 500 crianças. Desde que fui para lá, todo semestre é assim, as vagas para o futebol acabam nos primeiros dias de inscrição.

Após a minha vinda para Brasília, percebi como cresceu o número de escolinhas de futebol na cidade. Acho que contribuí um pouco para que isso acontecesse.

Tem algumas crianças que saíram do DEFER e foram para outros Estados. Fizeram testes para clubes e continuam por lá. Outras desistiram e voltaram. Enfim, nessa hora eu não entro. Quando a criança quer ir jogar profissionalmente, ou algum empresário aparece e se interessa por ela, coloco a família para conversar com ele.

Nas escolinhas que dirijo, procuro sempre fazer também um trabalho educativo, de preparação para a vida, promovendo, por exemplo, aulas sobre drogas. E, além da prática do futebol, palestras sobre a arbitragem.

Por algumas vezes consegui que o meu amigo Paulo Marra, que trabalhava na Polícia Federal à época, fosse conversar com eles e passar filmes sobre as drogas e suas consequências. Ele orientava e tirava as dúvidas dos meninos com relação ao assunto.

Hoje não posso fazer mais isso porque não tenho mais o vídeo, as fitas e nem local para reunir as crianças.

Mas Deus traz sempre uma carta escondida na manga, e quando achei que não teria mais nenhuma surpresa ao longo dos meus 72 anos, não é que me apareceu o Jayme Lourenço, um rapaz tranquilo que assessorava o senador Leomar Quintanilha, do Tocantins, e me convidou para fazer um projeto de escolinhas de futebol para o Estado. Achei interessante a proposta, não teria de deixar Brasília, nem o DEFER, seria só uma assessoria a eles. Topei e foi uma das mais agradáveis surpresas que eu já tive nessa vida. O carinho com que fui recebido pelas crianças em Palmas, a capital, é indescritível. O apoio e a infraestrutura que o governador Siqueira Campos e sua filha, Dra. Thelma Siqueira Campos — Secretária de Trabalho e Ação Social a quem o trabalho ficou subordinado — colocaram à minha disposição é de causar inveja a qualquer professor que sonha em ter uma escolinha de futebol modelo, no âmbito governamental.

Para começar, o Estado tem um programa chamado "Pioneiros Mirins", que é destinado a crianças carentes e deveria ser copiado em todas as regiões do país. Essas crianças têm assistência médica, dentária, apoio para fazer os deveres da escola, esporte como lazer, datilografia, uniforme, sapato, artesanato, lanche, cesta básica e uma ajuda de custo em dinheiro para cada família que tiver seu filho no Pioneiro Mirim.

A "Escolinha de Futebol Nilton Santos", como passou a ser chamada, veio para complementar esse programa, com o esporte dirigido.

Foi gramado e cercado um campo de várzea exclusivamente para o funcionamento da escolinha, que já conta com 671 crianças e quatro professores. Um deles é o Gilberto, que foi meio-campo do Fluminense há alguns anos.

Com três meses, a escolinha já era um sucesso. Então, reivindiquei à Dra. Thelma que abríssemos inscrições para crianças da comunidade. De 300 matrículas passamos a ter 500. O trabalho foi maior, mas valeu a pena. No final do ano, fomos procurados pelos pais, e pudemos constatar os resultados: eram crianças que só viviam brigando, agora não brigavam mais. Eram crianças que estavam iniciando nas drogas e agora queriam dormir cedo e se alimentar bem. Crianças que não estudavam ou só viviam matando as aulas agora estavam agindo diferente. A escolinha de futebol estava contribuindo para o crescimento e a formação deles. É gratificante trabalhar com essa turminha.

E assim foi. Neste ano de 1998, já contamos com 672 crianças matriculadas e a reivindicação de outros prefeitos para que a escolinha chegue até seus municípios.

Outra surpresa maravilhosa que o governador Siqueira Campos — que aliás só tem um defeito, o de ser flamenguista — me fez foi, ao lançar a pedra fundamental do estádio estadual de Palmas, batizá-lo de "Estádio Nilton Santos". Trouxe meus amigos da imprensa do Rio, de São Paulo e Brasília para me homenagear. Foi uma emoção muito grande que quase não aguentei, já estou velho para essas coisas.

O FUTEBOL DE ONTEM E DE HOJE

Desde que parei de jogar, ouço falar no aumento da violência no futebol: dos carrinhos maldosos, das agressões de todo tipo, sobretudo em cima dos grandes craques.

Não foi a violência que aumentou. Em todos os tempos, existiram jogadores violentos. Na minha época, talvez existisse um número maior deles, muitas vezes, incentivados pelos próprios treinadores. O Flávio Costa, por exemplo, achava que jogador de defesa primeiro tinha de saber bater, chegar junto para intimidar o adversário. Depois, jogar futebol.

Em quase todos os times havia um ou dois desses jogadores. O Madureira, por exemplo, tinha o Arati e o Godofredo.

Antigamente, quando uma falta era batida com barreira, os jogadores que a formavam ficavam de costas para o batedor — hoje todos ficam de frente. Somente o Zizinho ficava de frente, exatamente por causa do Godofredo — que batia a falta, corria em direção à barreira e chutava todo mundo. Nessa hora, o Zizinho, por estar de frente, batia nele também. Acredito que seja graças a esse violento jogador que outros formadores de barreira passaram a imitar o Zizinho, o que perdura até hoje.

A defesa mais violenta contra a qual joguei era formada por Tomires, Pavão e Jadir, todos tricampeões pelo Flamengo. Esse time, do qual faziam parte, foi tri não pelos gols que marcava seu ataque, mas pela defesa que não levava. Todos ficavam receosos de entrar na área do Flamengo.

Entre os estrangeiros, os uruguaios eram os que mais tinham jogadores violentos em suas defesas.

Na mesma safra ainda teve o Olavo e o Ananias, do Olaria. Mais tarde, o Fontana, do Vasco, e o Moisés, do Bangu. Estes deixaram suas marcas.

Em todas as épocas existiram jogadores fora de série, como Mané, Pele, Gérson, Zico, Reinaldo e tantos outros, que eram altamente técnicos e que, igualmente, sempre foram caçados nos gramados.

Hoje, são dados carrinhos maldosos, por trás, normalmente, seguidos de expulsão. Antigamente, só se via carrinhos pela frente, que eram, em algumas vezes, permitidos. Outra hora, só considerados falta. Os carrinhos são muito perigosos porque quando coincide de o adversário pegar o jogador fixo no chão, pode até quebrar a perna dele. As rasteiras usadas no meu tempo eram menos perigosas. Dadas também por trás, mas só faziam derrubar o jogador, nunca machucavam. Raros eram os carrinhos por trás. Quando aconteciam, vinham sempre seguidos de brigas.

Acho que, durante uma partida, quando um jogador fica machucado e é retirado de campo, o infrator também deveria sair e só voltar quando o adversário estivesse recuperado. Isso porque a regra atual beneficia o infrator. Fica aí a sugestão.

Quem mais usava o carrinho, naquele tempo, era o Bigode. O Zizinho sempre tirava proveito disso. Quando o Bangu jogava contra o Fluminense e estava empatando no finalzinho, Zizinho começava a sambar dentro da área, na frente do Bigode. Irritado, ele dava o carrinho, fazendo então o pênalti. O Zizinho batia e era gol.

Outro jogador considerado violento, quando apareceu, foi o Júnior Baiano. Por ter um físico privilegiado, começou jogando duro para intimidar os adversários. A partir do momento em que promoveram um torneio com uma regra experimental — quando o jogador fizesse duas faltas seguidas, a terceira era convertida em tiro direto contra o seu gol ele começou a jogar bola, além de dar porrada. Tanto assim que está na seleção. Pena que essa regra não pegou.

A diferença básica do futebol do meu tempo para o de hoje é a condição física. Hoje, é preciso se ter mais. Antigamente, a condição técnica era mais importante.

Hoje se vê claramente quando um time não está bem preparado fisicamente. Antigamente, muitos jogadores passavam a noite em *boites* e no dia seguinte entravam em campo e jogavam com a técnica. O futebol era mais lento, mas também mais técnico e mais bonito que o de hoje. Nós éramos só jogadores de futebol. Agora, eles são atletas jogando futebol. Eu, que nunca gostei muito de fazer exercícios de preparação física sem bola — brigava muito com o Paulo Amaral —, quando ele me pedia para sugerir o próximo exercício, respondia: "Deitado olhando o céu". Se jogasse hoje, estaria ferrado.

Os torcedores de hoje vão aos estádios para cobrar resultados de seus times. Têm de ganhar ou eles incendeiam as bandeiras, as sedes, brigam e, muitas vezes, chegam até à morte. Antigamente não, os torcedores iam aos campos para assistira um espetáculo: grandes jogadas, dribles e até gols. Muito mais que hoje, e era comum se ter um placar dilatado.

Outra diferença que vejo também no futebol de hoje é o fato de o jogador estar excessivamente preso aos esquemas táticos. O que o impede de mostrar o que sabe e quer. Tanto é verdade que, quando um jogador consegue fugir um pouco dos esquemas e fazer o que sabe, se destaca. Se colocado em posição diferente da sua dentro da tática, não faz o que sabe e nem o que o treinador quer que ele faça.

Uma vez, o técnico do Flamengo, Flávio Costa, decidiu, num jogo entre Botafogo e Flamengo, que o Gérson, o Canhotinha, tinha de segurar o Garrincha. E foi um passeio do alvinegro: 3X1. O Mané só não fez chover, e o Flamengo ficou perdido. O Gérson, mais perdido ainda, porque não conseguiu marcar o Garrincha e nem fazer o que sabia muito bem, que era armar o Flamengo. Culpa do treinador, que tentou mudar a característica do Gérson.

Nós tínhamos mais liberdade de mostrar o que sabíamos. Os jogadores, hoje, correm mais do que jogam. E os treinadores são mais teóricos que práticos, principalmente os que não jogaram bola. O treinador precisa respeitar a característica do jogador. Ele começa a errar quando não aproveita esse dom ao fazer sua tática. O dia em que nós, os sul-americanos, perdermos a individualidade, nos igualaremos aos europeus. Em parte, já perdemos.

No meu tempo se jogava com três e até cinco atacantes. Todos os times jogavam assim. Hoje, isso seria impossível, às vezes se joga com dois, mesmo assim não são fixos. Eles têm de pelo menos dificultar a saída de bola do adversário. Os treinadores se preocupam muito mais em se defender do que em atacar. Se ganhar o jogo de 1X0, tá bom. O importante é o resultado positivo. É não perder, garantindo assim mais uma semana de emprego. Com isso, o futebol fica, a cada dia que passa, mais feio.

Quando eu jogava, se por acaso o torcedor chegasse ao estádio com o jogo iniciado, saberia quem estava ganhando, mesmo sem olhar o placar. Isso acontecia porque, normalmente, o time que estivesse ganhando estaria também mandando em campo. Hoje, como o jogo é igual, começa e termina na mesma correria. Se ligarmos a televisão atrasados, é preciso que o locutor fale o placar.

O futebol mudou, evoluiu, mas para pior. Hoje, dificilmente você vê uma jogada individual. O que importa é o conjunto. Os europeus vão acabar nos convencendo de ser como eles. Jogar o futebol força. E, quando nós entrarmos nessa, ficar tudo igual, eles passam a ganhar de nós.

Muitos jornalistas me perguntam se os grandes jogadores da minha época, como o Mané, Pelé e tantos outros, jogariam hoje. Acho até graça. Claro que jogariam. O mais difícil é saber jogar futebol, e isso eles sabiam demais. Só precisariam ser mais bem preparados fisicamente. Quem sabe, sabe. Quem não sabe, bate palma. O jogador, hoje, sonha em chegar à seleção para se valorizar, fazer bons contratos e ser vendido para o exterior. E, por causa disso, muitas vezes, aceita jogar fora de sua posição e de maneira diferente da sua característica, se prejudicando. Ele deveria ter mais personalidade e se impor perante o treinador.

Antigamente, nós jogávamos mais por amor à camisa. Eu, por exemplo, sou a maior prova disso — só joguei no Botafogo e, por três ou quatro vezes, fiz contratos em branco. Considerava o Botafogo minha casa. Por várias ocasiões, fui convidado para sair do país. Houve uma época em que um empresário colombiano me dava o que eu quisesse para ir jogar lá. Mas eu não quis, preferi continuar no Botafogo. Sei que hoje em dia isso não cabe mais. Os jogadores atuais vestem as camisas por muito pouco tempo, não dá para criar amor a elas. Acho, no entanto, que o dinheiro também não é tudo. O título do campeonato mundial ou mesmo o dos regionais são importantes. "Os títulos morrem com a gente, e o dinheiro a gente gasta."

Em todas as épocas, tivemos grandes safras de jogadores no Brasil. Mas o que sei é que sou feliz por ter vivido uma outra era do futebol mundial, do futebol arte, mas, também, do futebol onde a porrada às vezes comia, mas, apesar disso, os astros sempre sobreviviam e faziam história.

REGISTRO

Em 1998, muitas coisas importantes aconteceram na minha vida que merecem registro. Uma delas é o lançamento deste livro, que era um sonho antigo. Depois, a surpresa da escolha do meu nome para a Seleção de Futebol Mundial do Século — "MASTERCARD WORLD FOOTBALL TEAM OF 20th CENTURY". Foi muito gratificante ter sido lembrado após tantos anos do encerramento de minha carreira. Quantos outros jogadores existiram e existem, pelo mundo inteiro, que jogaram ou jogam na lateral-esquerda, e dentre eles eu fui o escolhido.

O importante, também, é que, além do belíssimo troféu de cristal da Tiffany & Co. que ganhei nessa promoção da MasterCard, temos a oportunidade de nós, os agraciados, dispormos de 10 mil dólares para serem doados a um "SOS Children's Village" — orfanato Aldeia das Crianças — em nossos respectivos países, escolhidos por nós. Novamente as crianças estão presentes na minha vida.

A entrega do troféu aconteceu numa Conferência Particular de Imprensa, organizada pela MasterCard, no dia 09 de junho, em Paris, da qual fizeram parte jornalistas do mundo inteiro. Após o anúncio da Seleção e a apresentação de um breve filme com o histórico de cada agraciado, foram chamados os que estavam presentes ao evento: Pele, Di Stefano, Carlos Alberto Torres e eu. Participamos de uma coletiva e, depois, de um almoço que marcou o encerramento do evento.

O terceiro fato é a minha "Pelada da Ilha" estar fazendo, no dia 25 de outubro, 50 anos. O interessante dessa pelada é que ela não é mais uma das tantas que existem em todo o país. Ela começou em 1948, quando eu também começava a jogar futebol profissional. Foi um grupo de amigos peladeiros que se reuniram e fundaram no Zumbi, um bairro da Ilha, a "Pelada da Ilha", depois, "Pelada do Zumbi".

Em 1965, quando já não jogava mais futebol profissionalmente, andei fazendo algumas partidas pelo time de uma colônia de pesca da Ilha, o ZI. Numa dessas, conheci o pessoal do Zumbi e eles me convidaram para fazer parte dessa pelada. Primeiramente, fiz questão de pedir alguns esclarecimentos: onde eles jogavam, como eram as regras do jogo e um item importante — eu só joguei na defesa para ganhar dinheiro e, já que estava voltando para a Ilha, teria que jogar do meio-campo para a frente. Além de eles concordarem com essa minha exigência, me ganharam logo quando disseram que lá não tinha juiz. Todos apitavam e prevalecia o bom senso. Assim comecei a fazer parte da "Pelada do Zumbi".

Os jogos eram aos sábados, às 15h30, e não tinham hora para terminar. Só acabavam quando já era noite e a gente não enxergava mais a bola. Eu chegava cedo na Ilha, passava na casa do Franz, na do Gato e na do Udinho e, juntos, íamos comer um peixe frito com o caju amigo lá na Freguesia, outro bairro da Ilha. Eu sempre tinha o cuidado de chegar antes do horário previsto. Primeiro, por respeito aos outros e, depois, por não querer que eles abrissem um precedente para mim, tendo que fazer uma substituição para que eu pudesse jogar. Dizia sempre a eles que ali eu não era um campeão do mundo, e sim um simples peladeiro. Tinha que conseguir a minha própria vaga.

O campo era um terreno baldio, ao lado da casa do Huascar. Toda vez que a bola caía na casa dele um gritava: "olha o que você fez, Huascar" (que era para a mãe dele não brigar). Depois, fomos jogar no campo do Cocotá, no campo do Batalhão Humaitá dos Fuzileiros Navais. Hoje em dia, a pelada continua, agora com a direção do Mário Duarte e a supervisão do Jorge, na área de lazer da Varig, com um nome mais sofisticado de "Veteranos do Zumbi".

Nós ficávamos sentados no campo conversando, dando tempo para que todos chegassem e a pelada pudesse começar. Como eu havia parado de jogar recentemente, é claro que todos ficavam mais a minha volta, curiosos com as histórias do futebol profissional.

Ao final, os times vencedor e perdedor se confraternizavam num barzinho tomando uma cervejinha com tira-gostos, com exceção do querido e saudoso Biguá — meio-campo — que só tomava leite gelado. O Biguá era baixinho, forte e troncudo. Não era muito habilidoso na arte do futebol, mas determinado, e chutava muito forte. Por isso, foi apelidado pelo Hugo Gambá de "Toco de amarrar burro". Quando ele estava perdendo e a pelada acabava, ele sempre dizia: "Acabou? Logo agora que eu ia fazer um gol?". E eu dizia pra ele: "Biguá, você teve tanto tempo e só agora é que eu ia fazer o gol? Nós podemos jogar até amanhã de manhã que o seu gol não vai sair". Hugo, puto, respondia gaguejando: "mas que... mas que ele não joga nada. Mas que... Mas que ele é um toco de amarrar burro".

Sábado de carnaval, fazíamos uma pelada à fantasia. Todos jogavam vestidos de mulher. Me lembro que o Paulinho vinha sempre de "Carmem Miranda". Ele era baixinho e vinha vestido com uma minissaia, uma bem criada barriga de fora, colares e maquiagem. Um turbante sensacional, bem espalhafatoso, completava o traje. Eu me vestia, na maioria das vezes, por ser mais fácil, de havaiana, colocando duas laranjas para formar o busto. Os mais novos, em geral, nunca apareciam nesse dia. Eu costumava dizer que era porque eles não se garantiam.

Nessa pelada, como em todas da Ilha, existiram grandes jogadores que não chegaram a ser profissionais mas jogavam muito bem. Vale a pena ressaltar que na "Pelada do Zumbi" existia uma mistura muito grande. Tinha médicos, engenheiros, oficiais militares, pescadores, advogados, operários, não importava, afinal, todos tinham em comum o gosto pelo futebol.

Por eu falar demais dessa pelada, o Geraldo Romualdo, do *Jornal dos Sports,* um dia propôs fazer uma matéria comigo na Ilha. Fomos no meu carro e ele ia registrando tudo o que acontecia. Depois de pegar o pessoal da pelada e passar na Freguesia para comer um peixe, chegamos ao campo. Passado um pouco, fui a um matagal que tinha próximo ao campo e ele perguntou o que eu fazia lá. Respondi que estava trocando o calção.

Geraldo ficou indignado e falou: "Você é muito sem vergonha, é um campeão do mundo, como é que pode jogar num campo desse e trocar de roupa no mato?". Eu apenas ri. Como podia fazer diferente, se lá não tinha vestiário?

Nós podíamos levar convidados, e eu sempre levava alguém. O Pampolini foi uma vez comigo e depois ficou por lá durante muito tempo. O Chico Anísio e o Paulinho da Viola também passaram por lá várias vezes. O Espezim Neto, que foi juiz de futebol no Rio e, mais tarde, comentarista da Rádio Globo, era nosso companheiro também. Só que na pelada ele era goleiro. O Bob, que jogou comigo no Botafogo, foi e ficou. O Brito era outro que nas férias do Vasco sempre ia lá. Enfim, tinha o grupo dos permanentes e o grupo dos esporádicos.

Ao longo desse tempo, presenciei várias alterações nas equipes — algumas vezes, porque as pessoas saíam do Rio para outras cidades e até para o exterior, como foi o caso do Franz, na Argélia; outras vezes, por problemas de saúde e também por simples renovação. O legal é o espírito do grupo: primeiro jogam os pais que vão aos poucos trazendo os filhos. Depois, os genros, que, por sua vez, trazem os amigos. Assim, vão se perpetuando as amizades e uma pelada maravilhosa.

Ao final do ano, sempre havia uma festa de confraternização, e os chefes do comitê organizador eram o""Zé do Armarinho" e o Jorge. Mais tarde, veio o Mário Duarte, que passou a fazer parte também dessa comissão. Em 1983, quando eu disse que ia sair do Rio para Uberaba, eles organizaram uma homenagem linda para mim. Fizeram inclusive uma camisa especial com o meu retrato estampado. Convidaram o Gérson, o Canhotinha, o Pampolini — que jogaram —, o Zizinho, o Queixo e o Sabará, que foram apenas para me homenagear. Ao final da pelada, tivemos um jantar com discurso e tudo, onde ganhei um troféu, que é uma bola, com o logotipo da pelada, fazendo uma declaração de amor para mim:

"Mestre Nilton:

Hoje estou realizando o sonho de felicidade de todas as bolas do mundo.

Ser só tua para sempre.

Obrigada, meu amor".

Nilton Santos faleceu em 27 de novembro de 2013, no Rio de Janeiro, aos 88 anos, 15 anos após a 1ª edição deste livro.

JOGOS E TÍTULOS DE NILTON SANTOS PELO BOTAFOGO, PELA SELEÇÃO CARIOCA E PELA SELEÇÃO BRASILEIRA

DATA	JOGOS/PLACAR	GOLS
1948		
21/03	Botafogo 1X2 América Mineiro	
04/04	Botafogo 3X2 Bolívar	
11/04	Botafogo 3X1 El Litoral	
18/04	Botafogo 1X1 The Strongest	
24/04	Botafogo 5X3 América/RJ	
02/05	Botafogo 0X5 Bangu	
09/05	Botafogo 1X2 Bonsucesso	
20/05	Botafogo 3X1 Southampton	
23/05	Botafogo 3X1 Madureira	
26/05	Botafogo 3X2 Canto do Rio	
29/05	Botafogo 0X0 Atlético Paranaense	
09/06	Botafogo 5X2 São Cristóvão	
13/06	Botafogo 2X2 Vasco da Gama	
16/06	Botafogo 2X2 Olaria	
20/06	Botafogo 1X1 Fluminense	
11/07	Botafogo 2X1 São Cristóvão	

18/07	Botafogo 4X2 Canto do Rio	
25/07	Botafogo 6X0 Madureira	
01/08	Botafogo 5X2 Fluminense	
15/08	Botafogo 3X0 Bonsucesso	
22/08	Botafogo 0X0 Bangu	
29/08	Botafogo 6X1 Olaria	
05/09	Botafogo 2X1 Flamengo	
19/09	Botafogo 1X0 América/RJ	01
26/09	Botafogo 2X1 Vasco da Gama	
03/10	Botafogo 3X1 São Cristóvão	
10/10	Botafogo 4x1 Canto do Rio	
17/10	Botafogo 2X0 Madureira	
24/10	Botafogo 2X2 Fluminense	
07/11	Botafogo 2X1 Bonsucesso	
14/11	Botafogo 3X0 Bangu	
21/11	Botafogo 4X3 Olaria	
28/11	Botafogo 5X3 Flamengo	
05/12	Botafogo 2X1 América/RJ	
12/12	Botafogo 3X1 Vasco da Gama	
19/12	Botafogo 6X2 Internacional	
1949		
18/01	Botafogo 5X1 Santos	02
23/01	Botafogo 5X3 Santos	
30/01	Botafogo 1X2 São Paulo	
17/04	**BRASIL 5X0 COLÔMBIA**	
22/05	Botafogo 4X1 América/RJ	

28/05	Botafogo 8X1 Sel. Juiz de Fora	
26/06	Botafogo 2X2 Arsenal/Inglaterra	
1º/07	Botafogo 5X6 Madureira	
03/07	Botafogo 4X0 Olaria	
17/07	Botafogo 4X0 Bonsucesso	
24/07	Botafogo 4X0 América/RJ	
07/08	Botafogo 3X1 Canto do Rio	
14/08	Botafogo 1X0 Bangu	
21/08	Botafogo 1X1 Madureira	
04/09	Botafogo 2X1 Flamengo	
11/09	Botafogo 2X2 São Cristóvão	
18/09	Botafogo 2X2 Vasco da Gama	
25/09	Botafogo 1X3 Olaria	
30/09	Botafogo 3X0 Sport Club Recife	
02/10	Botafogo 5X0 Santa Cruz	
09/10	Botafogo 2X0 Bonsucesso	
16/10	Botafogo 3X0 América/RJ	
30/10	Botafogo 7X1 Canto do Rio	
06/11	Botafogo 1X1 Bangu	
13/11	Botafogo 5X2 Madureira	
1950		
29/01	Botafogo 3X0 Palmeiras	
05/02	Botafogo 2X3 Vasco da Gama	
11/02	Botafogo 2X2 Flamengo	
15/02	Botafogo 1X1 Corinthians	
08/03	**Sel. Carioca 4X2 Sel. Mineira**	

12/03	**Sel. Carioca 3X0 Sel. Mineira**	
16/03	**Sel. Carioca 4X0 Sel. Paulista**	
19/03	**Sel. Carioca 2X2 Sel. Paulista**	
22/03	**Sel. Carioca 1X3 Sel. Paulista**	
06/05	**BRASIL 3X4 URUGUAI**	
07/05	**BRASIL 2X0 PARAGUAI**	
14/05	**BRASIL 3X2 URUGUAI**	
18/05	**BRASIL 1X0 URUGUAI**	
30/07	Botafogo 2X3 Bangu	
05/08	Botafogo 4X2 Flamengo	
13/08	Botafogo 2X4 América/RJ	
20/08	Botafogo 1X0 Tupinambás/Juiz de Fora	
27/08	Botafogo 1X0 São Cristóvão	
03/09	Botafogo 1X1 Bangu	
16/09	Botafogo 0X1 Fluminense	
24/09	Botafogo 1X0 Canto do Rio	
08/10	Botafogo 1X0 Vasco da Gama	
15/11	Botafogo 1X5 São Paulo	
19/11	Botafogo 3X1 Canto do Rio	
25/11	Botafogo 3X0 Madureira	
03/12	Botafogo 4X2 Flamengo	
17/12	Botafogo 4X3 Bangu	
1951		
14/01	Botafogo 0X2 Vasco da Gama	
21/01	Botafogo 2X1 América/RJ	
18/02	Botafogo 1X3 Colo-Colo/Santiago	

21/02	Botafogo 1X3 Nacional/Uruguai	
25/02	Botafogo 3X0 Santiago Morning	
28/02	Botafogo 2X2 Everton/Chile	
15/04	Botafogo 3X1 Fluminense	
01/05	Botafogo 1X1 Flamengo	
06/05	Botafogo 2X1 São Cristóvão	
12/05	Botafogo 4X0 Bonsucesso	
24/05	Botafogo 2X0 Arsenal/Inglaterra	
02/06	Botafogo 0X0 Fluminense	
07/06	Botafogo 2X0 América/RJ	
10/06	Botafogo 1X1 Portsmouth/Inglaterra	
14/06	Botafogo 1X1 Internacional	
17/06	Botafogo 2X0 Grêmio	
20/06	Botafogo 3X0 Vasco da Gama	
25/06	Botafogo 4X1 Guarani/RS	
29/06	Botafogo 4X1 Pelotas	
19/07	Botafogo 4X1 Corinthians	
29/07	Botafogo 0X0 São Cristóvão	
21/10	Botafogo 1X1 Fluminense	
28/10	Botafogo 1X1 Vasco da Gama	
04/11	Botafogo 3X0 Canto do Rio	
11/11	Botafogo 4X1 Olaria	
15/11	Botafogo 2X1 Selecionado Carioca	
18/11	Botafogo 6X1 Sto. Antonio/ES	
25/11	Botafogo 4X1 Bonsucesso	
02/12	Botafogo 2X1 Bangu	

09/12	Botafogo 1X2 Madureira	
16/12	Botafogo 3X1 Fluminense	
23/12	Botafogo 3X0 São Cristóvão	
30/12	Botafogo 2X1 América/RJ	
1952		
05/01	Botafogo 2X1 Flamengo	
31/01	Botafogo 6X1 Figueirense/SC	01
03/02	Botafogo 2X1 Santos	
09/02	Botafogo 2X0 Fluminense	
08/03	Botafogo 1X2 Vasco da Gama	
15/03	Botafogo 0X1 Palmeiras	
22/03	Botafogo 1X2 Portuguesa/SP	
26/03	Botafogo 3X3 Bangu	
06/04	**BRASIL 2X0 MÉXICO**	
10/04	**BRASIL 0X0 PERU**	
13/04	**BRASIL 5X0 PANAMÁ**	
16/04	**BRASIL 4X2 URUGUAI**	
20/04	**BRASIL 3X0 CHILE**	
25/05	**SEL. CARIOCA 2X0 SEL. MINEIRA**	
28/05	**SEL. CARIOCA 3X2 SEL. MINEIRA**	
01/06	**SEL. CARIOCA 1X1 SEL. PAULISTA**	
04/06	**SEL. CARIOCA 1X3 SEL. PAULISTA**	
08/06	**SEL. CARIOCA 1X1 SEL. PAULISTA**	
15/06	Botafogo 2X1 Tupi/Juiz de Fora	
29/06	Botafogo 5X1 Goitacaz/RJ	
03/07	Botafogo 3X0 Santos	

13/07	Botafogo 2X1 Milionários/Colômbia	
16/07	Botafogo 1X0 Universidad/Colômbia	
17/07	Botafogo 1X1 Lasalle/Venezuela	
19/07	Botafogo 2X2 Real Madrid/Espanha	
22/07	Botafogo 3X0 Milionários/Colômbia	
24/07	Botafogo 4X4 Milionários/Colômbia	
26/07	Botafogo 6X2 Lasalle/Venezuela	
29/07	Botafogo 0X0 Real Madrid/Espanha	
17/08	Botafogo 4X0 São Cristóvão	
24/08	Botafogo 3X2 Olaria	
07/09	Botafogo 1X1 Canto do Rio	
13/09	Botafogo 2X3 Flamengo	
20/09	Botafogo 2X5 Bangu	
28/09	Botafogo 3X2 Madureira	
04/10	Botafogo 4X1 América/RJ	
11/10	Botafogo 1X1 Vasco da Gama	
19/10	Botafogo 3X0 Bonsucesso	
26/10	Botafogo 0X2 Fluminense	
09/11	Botafogo 3X3 Canto do Rio	
15/11	Botafogo 1X2 São Cristóvão	
22/11	Botafogo 1X1 Bonsucesso	
30/11	Botafogo 0X1 Vasco da Gama	
1953		
04/01	Botafogo 4X1 Olaria	
17/01	Botafogo 3X0 América/RJ	
20/01	Botafogo 5X3 Madureira	

23/01	Botafogo 1x0 Penarol/Uruguai	
25/01	Botafogo 3X2 Dínamo/Iugoslávia	
28/01	Botafogo 2X0 Viena/Áustria	
31/01	Botafogo 4X0 Pres. Hayes/Paraguai	
03/02	Botafogo 2X1 Fluminense	
08/02	Botafogo 0X1 Nacional/Uruguai	
01/03	BRASIL 8X1 BOLÍVIA	
15/03	BRASIL 1X0 URUGUAI	
19/03	BRASIL 0X1 PERU	
23/03	BRASIL 3X2 CHILE	
27/03	BRASIL 1X2 PARAGUAI	01
01/04	BRASIL 2X3 PARAGUAI	
12/04	Botafogo 0X1 Corinthians	
19/04	Botafogo 5X3 Palmeiras	
25/04	Botafogo 1X3 São Paulo	
03/05	Botafogo 2X2 Fluminense	
09/05	Botafogo 2X0 Portuguesa/SP	
16/05	Botafogo 0X0 Vasco da Gama	
24/05	Botafogo 2X2 Santos	
30/05	Botafogo 1X0 Bangu	
13/06	Botafogo 3X1 Hibernian	
17/06	Botafogo 2X2 Fluminense	
21/06	Botafogo 1X2 Vasco da Gama	
12/07	Botafogo 1X0 São Cristóvão	
19/07	Botafogo 6X3 Bonsucesso	
26/07	Botafogo 5X1 Canto do Rio	

02/08	Botafogo 1X2 Fluminense	
09/08	Botafogo 3X0 Portuguesa/RJ	
15/08	Botafogo 1X4 Vasco da Gama	
22/08	Botafogo 3X1 Bangu	
30/08	Botafogo 2X1 Olaria	
07/09	Botafogo 3X0 Flamengo	
13/09	Botafogo 2X1 América/RJ	
20/09	Botafogo 1X1 Madureira	
27/09	Botafogo 2X0 Bonsucesso	
04/10	Botafogo 4X0 Canto do Rio	
11/10	Botafogo 3X0 Portuguesa/RJ	
18/10	Botafogo 3X1 Madureira	
24/10	Botafogo 6X0 Bangu	01
01/11	Botafogo 1X1 Flamengo	
08/11	Botafogo 1X1 América/RJ	
17/11	Botafogo 1X0 São Cristóvão	
22/11	Botafogo 3X1 Fluminense	
29/11	Botafogo 1X2 Vasco da Gama	
05/12	Botafogo 4X3 Olaria	
08/12	Botafogo 1X4 Sel. Baiana	
18/12	Botafogo 6X1 Asas/MG	
21/12	Botafogo 1X1 Bangu	
27/12	Botafogo 1X1 Vasco da Gama	
1954		
02/01	Botafogo 0X1 Fluminense	
09/01	Botafogo 0X1 América/RJ	

14/01	Botafogo 3X2 Uberaba/MG	
20/01	Botafogo 0X1 Flamengo	
24/01	Botafogo 2X2 Comb. Bahia/Vitória	
01/02	Botafogo 2X0 Comb. América/ Vila Nova/MG	
28/02	**BRASIL 2X1 CHILE**	
07/03	**BRASIL 1X0 PARAGUAI**	
14/03	**BRASIL 1X0 CHILE**	
21/03	**BRASIL 4X1 PARAGUAI**	
02/05	**BRASIL 4X1 C. COLÔMBIA**	
09/05	**BRASIL 2X0 C. COLÔMBIA**	
16/06	**BRASIL 5X0 MÉXICO**	
19/06	**BRASIL 1X1 IUGOSLÁVIA**	
27/06	**BRASIL 2X4 HUNGRIA**	
25/07	Botafogo 2x0 Milionários/Colômbia	
01/08	Botafogo 2X1 Atlét. Nac./Colômbia	
07/08	Botafogo 3X1 Atlét. Nac./Colômbia	
08/08	Botafogo 2X1 Santa Fe/Colômbia	
10/08	Botafogo 2X0 Quindio/Equador	
12/08	Botafogo 2X2 Valdéz/Equador	
22/08	Botafogo 3X1 Olaria	
29/08	Botafogo 2X0 Madureira	
05/09	Botafogo 3X1 Canto do Rio	
12/09	Botafogo 4X2 Portuguesa/RJ	
19/09	Botafogo 1X3 Vasco da Gama	
25/09	Botafogo 2X3 Fluminense	
02/10	Botafogo 0X0 Bonsucesso	

16/10	Botafogo 2X4 Bangu	
23/10	Botafogo 1X1 América/RJ	
28/10	Botafogo 3X0 São Cristóvão	
07/11	Botafogo 1X1 Flamengo	
14/11	Botafogo 5X0 Madureira	
20/11	Botafogo 2X0 São Cristóvão	
27/11	Botafogo 3X2 Bonsucesso	
30/11	Botafogo 2X0 América/MG	
05/12	Botafogo 2X1 Portuguesa/RJ	
12/12	Botafogo 2X3 Flamengo	
15/12	Botafogo 2X4 Internacional	
19/12	Botafogo 5X1 Canto do Rio	
22/12	Botafogo 2X4 Vasco da Gama	
30/12	Botafogo 3X3 Bangu	
1955		
09/01	Botafogo 3X0 Olaria	
12/01	Botafogo 5X2 Santos	
15/01	Botafogo 1X3 Fluminense	
22/01	Botafogo 1X3 América/RJ	
27/01	Botafogo 3X3 Fluminense	
02/02	Botafogo 1X1 Vasco da Gama	
05/02	Botafogo 2X1 Bangu	
09/02	Botafogo 0X2 Flamengo	
13/02	Botafogo 2X4 América/RJ	
13/03	**SEL. CARIOCA 4X0 SEL. MINEIRA**	
23/03	**SEL. CARIOCA 4X0 SEL. MINEIRA**	

27/03	**SEL. CARIOCA 1X3 SEL. PAULISTA**	
31/03	**SEL. CARIOCA 3X4 SEL. PAULISTA**	
09/04	Botafogo 3X1 Portuguesa/SP	
13/04	Botafogo 1X3 América/RJ	
16/04	Botafogo 3X2 Palmeiras	
20/04	Botafogo 2X1 Vasco da Gama	
24/04	Botafogo 3X1 Rio Preto/SP	
28/04	Botafogo 1X1 Fluminense	
01/05	Botafogo 0X3 Santos	
05/05	Botafogo 0X0 Flamengo	
08/05	Botafogo 1X1 São Paulo	
11/05	Botafogo 1X0 Corinthians	
15/05	Botafogo 3X3 Real Madrid/Espanha	
19/05	Botafogo 2X2 Atlét. Madrid/Espanha	
22/05	Botafogo 4X1 Santa Cruz/Espanha	
24/05	Botafogo 1X2 Tenerife/Espanha	
29/05	Botafogo 3X3 Valência/Espanha	
01/06	Botafogo 2X4 Racing/França	
05/06	Botafogo 2X2 Real Murcia/Espanha	
08/06	Botafogo 5X1 Stade de Reims/França	
11/06	Botafogo 3X2 Racing Lens/França	
14/06	Botafogo 5X2 Alliancen/Dinamarca	
19/06	Botafogo 6X1 Sel. Holandesa	
22/06	Botafogo 6X2 Grasshopers/Suíça	
29/06	Botafogo 4X0 Comb. Juventus e Torino/Itália	
06/07	Botafogo 3X2 Roma/Itália	

09/07	Botafogo 1X0 Dínamo/Tchecoslováquia	
12/07	Botafogo 2X0 Slovan/Tchecoslováquia	
14/07	Botafogo 1X0 Spartak/Thecoslováquia	
16/07	Botafogo 1X1 Banik/Thecoslováquia	
10/08	Botafogo 3X1 São Cristóvão	
14/08	Botafogo 1X3 Bonsucesso	
18/09	**BRASIL 1X1 CHILE**	
24/09	Botafogo 1X3 América/RJ	
01/10	Botafogo 4X3 Bangu	
09/10	Botafogo 0X1 Portuguesa/RJ	
14/10	Botafogo 0X1 Náutico/Recife	
16/10	Botafogo 1X1 Santa Cruz/Recife	
18/10	Botafogo 2X2 Sport Club/Recife	
22/10	Botafogo 0X1 Fluminense	
30/10	Botafogo 2X3 Vasco da Gama	
06/11	Botafogo 2X2 Bangu	
13/11	**BRASIL 3X0 PARAGUAI**	
20/11	Botafogo 2X2 Fluminense	
27/11	Botafogo 1X1 Bonsucesso	
04/12	Botafogo 3X0 Olaria	
11/12	Botafogo 3X1 Canto do Rio	
18/12	Botafogo 3X1 Portuguesa/RJ	
21/12	Botafogo 2X0 Americano/Campos	
1956		
08/01	Botafogo 1X0 Madureira	
14/01	Botafogo 1X4 América/RJ	

18/01	Botafogo 3X1 Americano/Campos	
21/01	Botafogo 3X0 São Cristóvão	
29/01	Botafogo 1X2 Vasco da Gama	
04/02	Botafogo 1X2 Flamengo	
26/02	Botafogo 3X0 Sto. Antonio/ES	
03/03	Botafogo 5X0 Colo-Colo de Ilhéus/BA	
04/03	Botafogo 2X1 Sel. de Itabuna/BA	
11/03	Botafogo 2X2 Americano/Campos	
14/03	Botafogo 2X1 América/MG	
15/03	Botafogo 5X1 Uberaba/MG	
16/03	Botafogo 3X2 Uberlândia/MG	
17/03	Botafogo 2X1 Sel. de Araguari/MG	
08/04	**BRASIL 1X0 PORTUGUAL**	
11/04	**BRASIL 1X1 SUÍÇA**	
15/04	**BRASIL 3X2 ÁUSTRIA**	
21/04	**BRASIL 0X0 THECOSLOVÁQUIA**	
25/04	**BRASIL 0X3 ITÁLIA**	
01/05	**BRASIL 1X0 TURQUIA**	
09/05	**BRASIL 2X4 INGLATERRA**	
13/05	Botafogo 4X3 Córdoba/Espanha	
23/05	Botafogo 4X3 Rot-Weiss/Alemanha	
30/05	Botafogo 3X0 Racing/Paris	
02/06	Botafogo 3X3 Le Havre/França	
05/06	Botafogo 3X0 Nuremberg/Alemanha	
08/06	Botafogo 5X1 Troyes/França	
09/06	Botafogo 1X1 Stade de Reins/França	

13/08	Botafogo 2X3 Saint Etienne/França	
16/06	Botafogo 2X0 Racing de Lens/França	
20/06	Botafogo 4X0 Sedan/França	
01/07	**BRASIL 2X0 ITÁLIA**	
08/07	**BRASIL 0X0 ARGENTINA**	
22/07	Botafogo 1X0 Bonsucesso	
29/07	Botafogo 0X0 Vasco da Gama	
05/08	**BRASIL 0X1 THECOSLOVÁQUIA**	
08/08	**BRASIL 4X1 THECOSLOVÁQUIA**	
12/08	Botafogo 1X2 Fluminense	
19/08	Botafogo 1X0 Portuguesa/RJ	
26/08	Botafogo 2X0 Olaria	
29/08	Botafogo 1X1 São Cristóvão	
01/09	Botafogo 1X0 Galícia da Bahia	01
02/09	Botafogo 1X1 S. C. Bahia	
04/09	Botafogo 1X1 Fluminense	
09/09	Botafogo 2X0 Madureira	
15/09	Botafogo 1X2 Bangu	
23/09	Botafogo 4X0 Canto do Rio	
29/09	Botafogo 5X0 Flamengo	
06/10	Botafogo 0X1 América/RJ	
13/10	Botafogo 2X1 Olaria	
14/10	Botafogo 5X1 Olímpic/MG	
21/10	Botafogo 2X0 Canto do Rio	
28/10	Botafogo 4X0 Madureira	
01/11	Botafogo 4X0 São Cristóvão	

04/11	Botafogo 2X2 C. A Pastoril/MG	
10/11	Botafogo 4X3 América/RJ	
18/11	Botafogo 4X1 Portuguesa/RJ	
25/11	Botafogo 2X3 Vasco da Gama	
02/12	Botafogo 0X2 Fluminense	
08/12	Botafogo 2X0 Bonsucesso	
16/12	Botafogo 1X0 Flamengo	
22/12	Botafogo 2X2 Bangu	
30/12	Botafogo 0X1 Seleção Mineira/BH	
1957		
13/01	**Sel. Carioca 3X0 Sel. Paraense**	
20/01	**Sel. Carioca 6X0 Sel. Paraense**	
23/01	Botafogo 2X4 Honved/Hungria	
27/01	Botafogo 5X1 AIK/Suécia	
02/02	Botafogo 1X2 Cruzeiro/MG	
03/02	Botafogo 3X1 Atlético Mineiro	
05/02	**Sel. Carioca 0X0 Sel. Pernambucana**	
17/02	Botafogo 1X2 Valeriodoce/MG	
21/02	Botafogo 2X2 Inter Bebedouro/SP	
23/02	Botafogo 4X3 América/S.J. R. Preto	
24/02	Botafogo 0X0 Catanduvense/SP	
13/03	**BRASIL 4X2 CHILE**	
21/03	**BRASIL 7X1 EQUADOR**	
23/03	**BRASIL 9X0 COLÔMBIA**	
28/03	**BRASIL 2X3 URUGUAI**	
13/04	**BRASIL 1X1 PERU**	

21/04	**BRASIL 1X0 PERU**	
25/04	Botafogo 2X3 Vasco da Gama	
27/04	Botafogo 2X0 Portuguesa/SP	
28/04	Botafogo 4X1 Ituiutaba/MG	
01/05	Botafogo 2X2 Botafogo/R. Preto	
02/05	Botafogo 2X1 Uberaba/MG	
03/05	Botafogo 2X2 Uberaba/MG	
05/05	Botafogo 1X1 Corinthians	
09/05	Botafogo 3X3 Fluminense	
11/05	Botafogo 1X5 Santos	
19/05	Botafogo 4x1 Ass. Olimp. Lavras/MG	
24/05	Botafogo 3X3 Sport /Juiz de Fora	
28/05	Botafogo 7X3 América/Três Rios	
01/06	Botafogo 2X2 Palmeiras	
02/06	Botafogo 1X1 Londrina/PR	
11/06	**BRASIL 2X1 PORTUGUAL**	
16/06	**BRASIL 3X0 PORTUGUAL**	
20/06	Botafogo 3X2 Náutico/PE	
22/06	Botafogo 2X2 Ceará S. C. /CE	
23/06	Botafogo 2X0 Ferroviário/CE	
25/06	Botafogo 4X0 Sel. São Luiz/MA	
29/06	Botafogo 2X0 Sevilha/Espanha	
04/07	Botafogo 0X3 Barcelona/Espanha	
06/07	Botafogo 4X0 Nacional/Uruguai	
09/07	Botafogo 4X0 Sevilha/Espanha	
14/07	Botafogo 2X2 Nacional/Uruguai	

18/07	Botafogo 2X2 Barcelona/Espanha	
27/07	Botafogo 3X1 Bonsucesso	
04/08	Botafogo 4X0 Canto do Rio	01
10/08	Botafogo 6X1 Madureira	01
18/08	Botafogo 2X0 Olaria	
24/08	Botafogo 5X1 Portuguesa/RJ	
01/09	Botafogo 3X3 Flamengo	
07/09	Botafogo 2X0 São Cristóvão	
14/09	Botafogo 3X1 América/RJ	
22/09	Botafogo 2X2 Vasco da Gama	
29/09	Botafogo 0X1 Fluminense	
05/10	Botafogo 0X0 Bangu	
13/10	Botafogo 5X0 São Cristóvão	
20/10	Botafogo 1X0 Bangu	
27/10	Botafogo 3X1 Bonsucesso	
01/11	Botafogo 4X1 Olaria	
10/11	Botafogo 0X3 Vasco da Gama	
17/11	Botafogo 1X1 Flamengo	
24/11	Botafogo 5X0 Portuguesa/RJ	01
30/11	Botafogo 2X1 América/RJ	
07/12	Botafogo 3X0 Canto do Rio	
14/12	Botafogo 4X2 Madureira	
22/12	Botafogo 6X2 Fluminense	
29/12	Botafogo 0X0 Liga Alajuelana/Costa Rica	
1958		
01/01	Botafogo 0X3 Huracan/Argentina	

05/01	Botafogo 2X1 Saprisa/Costa Rica	
12/01	Botafogo 2X1 Nacional/Colômbia	
15/01	Botafogo 0X0 Desportivo de Cali	
19/01	Botafogo 4X0 Sel. Curaçau	
21/01	Botafogo 4X1 Sel. Curaçau	
26/01	Botafogo 4X0 F. A. S. Santana/ El Salvador	
30/01	Botafogo 3X1 Atlético/El Salvador	
06/02	Botafogo 0X2 Guadalajara/México	
09/02	Botafogo 4X3 Toluca/México	
16/02	Botafogo 3X1 Zacatepec/México	
20/02	Botafogo 1X1 River Plate/Argentina	01
27/02	Botafogo 3X2 Corinthians	
02/03	Botafogo 2X2 Santos	
08/03	Botafogo 1X2 Portuguesa/SP	
12/03	Botafogo 7X3 América/RJ	
16/03	Botafogo 1X1 Fluminense	
20/03	Botafogo 0X4 Flamengo	
23/03	Botafogo 5X4 Atlético Mineiro	
27/03	Botafogo 2X4 Vasco da Gama	
29/03	Botafogo 3X2 Palmeiras	
30/03	Botafogo 5X5 Carlos Renault/SC	
01/04	Botafogo 5X1 Sel. Catarinense	
06/04	Botafogo 2X5 São Paulo	
14/05	**BRASIL 4X0 BULGÁRIA**	
18/05	**BRASIL 3X1 BULGÁRIA**	
29/05	**BRASIL 4X0 FIORENTINA**	

01/06	**BRASIL 4X0 INTERNAZIONALE**	
08/06	**BRASIL 3X0 ÁUSTRIA**	01
11/06	**BRASIL 0X0 INGLATERRA**	
15/06	**BRASIL 2X0 URSS**	
19/06	**BRASIL 1X0 PAÍS DE GALES**	
24/06	**BRASIL 5X2 FRANÇA**	
29/06	**BRASIL 5X2 SUÉCIA**	
13/07	Botafogo 2X1 Fluminense	
16/07	Botafogo 3X1 Usina Ceará/CE	
18/07	Botafogo 2X0 Sel. Maranhense	
20/07	Botafogo 2X2 River/PI	
23/07	Botafogo 1X0 E. C. Bahia	
26/07	Botafogo 1X2 São Cristóvão	
02/08	Botafogo 6X0 Olaria	
10/08	Botafogo 0X1 Bangu	
15/08	Botafogo 3X1 Bonsucesso	
17/08	Botafogo 3X0 Sto. Antonio/ES	
19/08	Botafogo 2X2 Uberaba/MG	
23/08	Botafogo 4X0 Portuguesa/RJ	
30/08	Botafogo 2X2 Flamengo	
05/09	Botafogo 3X3 América/RJ	
10/09	Botafogo 2X2 River Plate/Argentina	
14/09	Botafogo 3X1 Canto do Rio	
16/09	Botafogo 0X0 Grémio	
28/09	Botafogo 2X3 Vasco da Gama	
01/11	Botafogo 2X2 Canto do Rio	

09/11	Botafogo 3X2 Flamengo	
15/11	Botafogo 2X2 Bangu	
07/12	Botafogo 2X0 Vasco da Gama	
13/12	Botafogo 4X1 São Cristóvão	
27/12	Botafogo 1X2 Flamengo	
1959		
10/01	Botafogo 1X2 Vasco da Gama	
14/01	Botafogo 2X2 Flamengo	
25/01	Botafogo 6X0 Goiânia/GO	
27/01	Botafogo 3X1 Atlético Mineiro	
01/02	Botafogo 1X0 E. C. Bahia	
04/02	Botafogo 4X0 CSA	
15/02	Botafogo 6X0 Tuna Luso/PA	
18/02	Botafogo 2X1 Clube do Remo/PA	
22/02	Botafogo 1X1 Paissandu/PA	
24/02	Botafogo 2X3 Santa Cruz/PE	
10/03	**BRASIL 2X2 PERU**	
25/04	Botafogo 3X1 América/RJ	
30/04	Botafogo 0X2 Vasco da Gama	
13/05	**BRASIL 2X0 INGLATERRA**	
18/05	Botafogo 2X1 AIK/Suécia	
22/05	Botafogo 3X1 Gimonas/Suécia	
24/05	Botafogo 1X2 Stoevenet/Dinamarca	
26/05	Botafogo 3X1 Aliesen/Suécia	
28/05	Botafogo 3X1 Norkopping/Suécia	
30/05	Botafogo 3X1 Liège/Bélgica	

03/06	Botafogo 2X2 Sel. Áustria	
06/06	Botafogo 5X0 Anderlecht/Bélgica	
10/06	Botafogo 4X3 Fortuna 054/Holanda	
12/06	Botafogo 4X1 Willen II/ Holanda	
14/06	Botafogo 4X0 Sel. Sarre/Alemanha	
17/06	Botafogo 2X2 Milan/Itália	
21/06	Botafogo 1X4 Santos	
24/06	Botafogo 6X4 Atlét. Madrid/Espanha	
26/06	Botafogo 1X3 Fenerood/Holanda	
28/06	Botafogo 2X1 Sevilha/Espanha	
11/07	Botafogo 5X1 Madureira	
18/07	Botafogo 2X4 Portuguesa/RJ	
26/07	Botafogo 0X0 Bangu	
01/08	Botafogo 2X4 Bonsucesso	
04/08	Botafogo 6X0 Sport Recife	
08/08	Botafogo 4X0 Madureira	
10/10	Botafogo 6X1 Portuguesa/RJ	
25/10	Botafogo 2X6 Flamengo	
31/10	Botafogo 5X0 Madureira	
07/11	Botafogo 3X0 Bonsucesso	
15/11	Botafogo 2X4 Vasco da Gama	
20/11	Botafogo 3X1 Canto do Rio	
29/11	Botafogo 1X3 América/RJ	
05/12	Botafogo 3X0 São Cristóvão	
13/12	Botafogo 1X4 Bangu	
20/12	Botafogo 3X3 Fluminense	

23/12	Botafogo 3X1 Bangu	
30/12	Botafogo 2X0 Bangu	
1960		
06/01	Botafogo 1X2 Liga Univers./Equador	
10/01	Botafogo 1X0 Milionários/Colômbia	
17/01	Botafogo 4X2 Santa Fe/Colômbia	
24/01	Botafogo 2X0 Áustria/Viena	
27/01	Botafogo 2X0 Desportivo de Cáli	
31/01	Botafogo 2X2 Sel. da Costa Rica	
07/02	Botafogo 2X0 Comunicaciones/ Guatemala	
14/02	Botafogo 3X2 Necaxa/México	
21/02	Botafogo 0X1 León/México	
24/02	Botafogo 3X1 Seleção Mexicana	
05/03	Botafogo 3X0 Alianza/Peru	
07/04	Botafogo 1X1 Vasco da Gama	
16/04	Botafogo 3X0 Santos	
20/04	Botafogo 3X2 Sel. Fed. Carioca Fut.	
23/04	Botafogo 3X1 Palmeiras	
29/04	**BRASIL 5X0 RAU**	
01/05	**BRASIL 3X1 RAU**	
06/05	**BRASIL 3X0 RAU**	
08/05	**BRASIL 7X1 MALMOÉ F.F.R.**	
10/05	**BRASIL 4X3 DINAMARCA**	
12/05	**BRASIL 2X2 INTERNAZIONALE**	
16/05	**BRASIL 4X0 SPORTING**	
25/05	Botafogo 0X2 Alianza/Peru	

26/05	Botafogo 1X1 Sporting Cristal/Peru	
29/05	Botafogo 6X2 Universitário/Peru	
10/06	Botafogo 1X0 E.C. Bahia	
12/06	Botafogo 0X0 E.C. Bahia	
16/06	Botafogo 0X1 Palmeiras	
19/06	Botafogo 4X0 Comercial/MG	
23/06	Botafogo 0X1 Palmeiras	
26/06	Botafogo 3X0 Cruzeiro	
29/06	**BRASIL 4X0 CHILE**	
03/07	**BRASIL 2X1 PARAGUAI**	
09/07	**BRASIL 0X1 URUGUAI**	
12/07	**BRASIL 5X1 ARGENTINA**	
24/07	Botafogo 0X1 Fluminense	
31/07	Botafogo 4X1 Ferroviário/PR	
07/08	Botafogo 0X0 Flamengo	
14/08	Botafogo 4X3 Olaria	
20/08	Botafogo 2X0 Canto do Rio	
27/08	Botafogo 0X2 Vasco da Gama	
04/09	Botafogo 3X1 Madureira	
07/09	Botafogo 7X1 Athetic/S. J. Del Rey	
11/09	Botafogo 6X0 São Cristóvão	
18/09	Botafogo 2X2 América/RJ	
22/09	Botafogo 4X1 Bonsucesso	
25/09	Botafogo 3X2 Botafogo/Paraíba	
01/10	Botafogo 4X2 Bangu	
08/10	Botafogo 6X0 Olaria	

15/10	Botafogo 1X1 Bangu	
20/10	Botafogo 5X0 Portuguesa/RJ	
23/10	Botafogo 6X1 Uberlândia/MG	
30/10	Botafogo 4X1 Flamengo	
20/11	Botafogo 2X1 Madureira	
27/11	Botafogo 1X1 Fluminense	
04/12	Botafogo 2X1 Vasco da Gama	
11/12	Botafogo 3X3 América/RJ	
1961		
11/01	Botafogo 0X0 Municipal/Peru	
14/01	Botafogo 2X0 Universitário/Peru	
18/01	Botafogo 4X2 Sport Boys/Peru	
21/01	Botafogo 4X0 Alianza/Peru	
24/01	Botafogo 1X0 Municipal/Peru	
29/01	Botafogo 4X2 Milionários/Colômbia	
03/02	Botafogo 4X0 Seleção Alajuelana/ Costa Rica	
07/02	Botafogo 4X0 Herediano/Costa Rica	
12/02	Botafogo 5X0 Santa Fe/Colômbia	
19/02	Botafogo 3X1 Colo-Colo/Chile	
25/02	Botafogo 3X1 Colo-Colo/Chile	
15/03	Botafogo 1X3 América/RJ	
18/03	Botafogo 5X1 Vasco da Gama	
01/04	Botafogo 2X4 Santos	
05/04	Botafogo 1X1 São Paulo	
07/04	Botafogo 4X2 Uberaba/MG	
09/04	Botafogo 4X2 Uberlândia/MG	

13/04	Botafogo 1X0 Corinthians	
19/04	Botafogo 0X0 Palmeiras	
30/04	**BRASIL 2X0 PARAGUAI**	
03/05	**BRASIL 3X2 PARAGUAI**	
07/05	**BRASIL 2X1 CHILE**	
26/05	Botafogo 1X1 Ujpest/Hungria	
28/05	Botafogo 7X2 Sel. Antuérpia/Bélgica	
30/05	Botafogo 1X3 Anderlecht/Bélgica	
01/06	Botafogo 1X2 Liège/Bélgica	
07/06	Botafogo 2X2 Milan/Itália	
23/06	Botafogo 1X0 Atlét. Operário/SC	
02/08	Botafogo 1X0 Olaria	
06/08	Botafogo 1X1 Bangu	
10/08	Botafogo 3X1 Madureira	
13/08	Botafogo 2X1 Portuguesa/RJ	
17/08	Botafogo 2X1 Vasco da Gama	
20/08	Botafogo 4X0 São Cristóvão	
27/08	Botafogo 2X0 América/RJ	
30/08	Botafogo 8X1 CR. Londrina/PR	
02/09	Botafogo 3X0 Bonsucesso	
07/09	Botafogo 6X2 Estrela do Norte/ES	
10/09	Botafogo 2X2 Flamengo	
14/09	Botafogo 3X0 Canto do Rio	
17/09	Botafogo 6X0 C. R. Guará/DF	
20/09	Botafogo 1X1 América/MG	
01/10	Botafogo 2X0 Bangu	

05/10	Botafogo 4X1 São Cristóvão	
08/10	Botafogo 1X0 Olaria	
15/10	Botafogo 2X2 Fluminense	
31/10	Botafogo 0X1 Colo-Colo/Chile	
04/11	Botafogo 1X1 Independiente/Argentina	
14/11	Botafogo 2X1 América/RJ	
19/11	Botafogo 4X0 Vasco da Gama	
26/11	Botafogo 1X1 Flamengo	
03/12	Botafogo 3X1 Bangu	
07/12	Botafogo 2X0 São Cristóvão	
10/12	Botafogo 2X1 Olaria	
14/12	Botafogo 1X0 Fluminense	
17/12	Botafogo 1X2 América/RJ	
23/12	Botafogo 2X1 Vasco da Gama	
1962		
03/01	Botafogo 3X0 Santos	
06/01	Botafogo 0X1 Estrela Vermelha/Iugoslávia	
10/01	Botafogo 4X1 Ferenavaros/Hungria	
13/01	Botafogo 3X2 Colo-Colo/Chile	
18/01	Botafogo 3X0 Toluca/México	
25/01	Botafogo 0X2 Atlanta/México	
01/02	Botafogo 4X2 Ujpest/Hungria	
04/02	Botafogo 3X0 América/México	
07/02	Botafogo 4X0 Municipal/Peru	
10/02	Botafogo 3X1 Alianza/Peru	
13/02	Botafogo 0X1 Palmeiras	

18/02	Botafogo 1X0 Fluminense	
21/02	Botafogo 4X1 Vasco da Gama	
26/02	Botafogo 4X1 América/RJ	
01/03	Botafogo 2X3 Flamengo	
08/03	Botafogo 1X1 Ceará	
17/03	Botafogo 3X1 Palmeiras	
21/04	**BRASIL 6X0 PARAGUAI**	01
06/05	**BRASIL 2X1 PORTUGAL**	01
12/05	**BRASIL 3X1 PAÍS DE GALES**	
16/05	**BRASIL 3X1 PAÍS DE GALES**	
30/05	**BRASIL 2X0 MÉXICO**	
02/06	**BRASIL 0X0 THECOSLOVÁQUIA**	
06/06	**BRASIL 2X1 ESPANHA**	
10/06	**BRASIL 3X1 INGLATERRA**	
13/06	**BRASIL 4X2 CHILE**	
17/06	**BRASIL 3X1 THECOSLOVÁQUIA**	
28/06	Botafogo 1X0 Palmeiras	
04/07	Botafogo 1X0 Atlético Mineiro	
08/07	Botafogo 1X0 Bonsucesso	
15/07	Botafogo 2X0 Portuguesa/RJ	
22/07	Botafogo 2X2 Olaria	
29/07	Botafogo 0X0 Bangu	
04/08	Botafogo 0X1 Vasco da Gama	
08/08	Botafogo 4X0 Madureira	
15/08	Botafogo 3X1 Santa Fe/Colômbia	
19/08	Botafogo 6X5 Milionários/Colômbia	

22/08	Botafogo 3X1 Desportivo de Cáli	
30/08	Botafogo 2X0 Canto do Rio	
02/09	Botafogo 5X2 São Cristóvão	
07/09	Botafogo 1X0 América/RJ	
15/09	Botafogo 2X0 Fluminense	
23/09	Botafogo 3X1 Flamengo	
28/09	Botafogo 2X0 Campo Grande	
03/10	Botafogo 6X1 Royal/Barra do Piauí	
06/10	Botafogo 4X1 Bonsucesso	
09/10	Botafogo 2X1 Portuguesa/RJ	
20/10	Botafogo 2X0 Olaria	
27/10	Botafogo 1X1 Bangu	
04/11	Botafogo 1X1 Vasco da Gama	
14/11	Botafogo 6X1 Madureira	
18/11	Botafogo 2X1 Canto do Rio	
21/11	Botafogo 2X2 Internacional	
25/11	Botafogo 0X0 São Cristóvão	
28/11	Botafogo 2X2 Internacional	
30/11	Botafogo 2X0 Internacional	
05/12	Botafogo 3X1 América	
08/12	Botafogo 1X0 Fluminense	
15/12	Botafogo 3X0 Flamengo	
1963		
12/01	Botafogo 1X2 Penarol/Uruguai	
16/01	Botafogo 5X0 Barcelona/Equador	
20/01	Botafogo 1X1 C. D. Cali/Colômbia	

24/01	Botafogo 1X0 C. A. Medelín/Colômbia	
27/01	Botafogo 0X0 Milionários/Colômbia	
31/01	Botafogo 0X0 River Plate/Argentina	
04/02	Botafogo 1X1 Sporting Cristal/Peru	
06/02	Botafogo 2X1 Colo-Colo/Chile	
09/02	Botafogo 0X1 Penarol/Argentina	
03/03	Botafogo 2X1 Flamengo	
07/03	Botafogo 2X2 Fluminense	
13/03	Botafogo 1X1 Vasco da Gama	
16/03	Botafogo 2X3 Portuguesa/SP	
19/03	Botafogo 3X4 Santos	
23/03	Botafogo 2X3 São Paulo	
27/03	Botafogo 2X1 Corinthians	
31/03	Botafogo 3X1 Santos	
02/04	Botafogo 0X5 Santos	
25/05	Botafogo 2X3 Universidade do Chile	
31/05	. Botafogo 2X2 Saarbucken/Alemanha	
08/06	Botafogo 1X2 Palmeiras	
11/06	Botafogo 1X0 Anderlecht/Bélgica	
13/06	Botafogo 3X2 Racing de Paris	
15/06	Botafogo 0X0 Vojvódna/Iugoslávia	
19/06	Botafogo 0X0 Karlsruhe/Alemanha	
30/06	Botafogo 1X0 Alianza/Peru	
04/07	Botafogo 3X1 Sporting Cristal/Peru	
07/07	Botafogo 3X0 Milionários/Colômbia	
11/07	Botafogo 3X0 Bonsucesso	

14/07	Botafogo 6X0 Madureira	
21/07	Botafogo 1X3 Flamengo	
24/07	Botafogo 2X1 Alianza/Peru	01
28/07	Botafogo 3X0 Canto do Rio	
17/08	Botafogo 1X0 Fluminense	
22/08	Botafogo 2X0 Santos	
25/08	Botafogo 1X1 Bangu	
28/08	Botafogo 0X4 Santos	
03/09	Botafogo 2X0 Vasco da Gama	
07/09	Botafogo 3X2 Olaria	
14/09	Botafogo 2X0 América/RJ	
22/09	Botafogo 2X0 São Cristóvão	
05/10	Botafogo 0X0 Bonsucesso	
10/10	Botafogo 2X0 Madureira	
13/10	Botafogo 0X0 Flamengo	
17/10	Botafogo 0X1 Bahia	
20/10	Botafogo 2X0 Canto do Rio	
26/10	Botafogo 3X0 Campo Grande	
30/10	Botafogo 0X0 Bahia	
03/11	Botafogo 1X0 Portuguesa/RJ	
10/11	Botafogo 3X0 Fluminense	
17/11	Botafogo 2X1 Bangu	
22/11	Botafogo 2X0 Vasco da Gama	
30/11	Botafogo 2X1 Olaria	
07/12	Botafogo 1X3 América/RJ	
13/12	Botafogo 2X0 São Cristóvão	

1964		
30/01	Botafogo 3X2 Atlético Mineiro	
02/02	Botafogo 2X2 Corinthians	
07/02	Botafogo 2X3 Corinthians	
16/02	Botafogo 1X2 Madureira	
01/03	Botafogo 2X0 Banik/Thecoslováquia	
05/03	Botafogo 2X1 Racing/Argentina	
12/03	Botafogo 2X0 Strongest/Bolívia	
15/03	Botafogo 2X1 Boca Juniors/Argentina	
18/03	Botafogo 5X2 Aurora/Bolívia	
25/04	Botafogo 1X3 Santos	
28/04	Botafogo 3X1 Corinthians	
03/05	Botafogo 4X3 Palmeiras	
09/05	Botafogo 5X0 Bangu	
14/06	Botafogo 2X1 Roin Wood/Suriname	
17/06	Botafogo 4X0 Transwall/Suriname	
19/06	Botafogo 5X0 Leo Victor/Suriname	
21/06	Botafogo 5X0 Paissandu	
24/06	Botafogo 2X0 Remo	
05/07	Botafogo 1X0 Olaria	
09/07	Botafogo 0X1 Boca Júniors/Argentina	
14/07	Botafogo 4X3 River Plate/Argentina	
16/07	Botafogo 2X0 Barcelona/Argentina	
22/07	Botafogo 1X3 Campo Grande	
19/08	Botafogo 2X0 Vasco da Gama	
23/08	Botafogo 6X0 Canto do Rio	

30/08	Botafogo 1X2 Bonsucesso	
02/09	Botafogo 2X1 Seleção Olímpica	
06/09	Botafogo 2X0 Fluminense	
20/09	Botafogo 0X1 Flamengo	
27/09	Botafogo 1X0 Olaria	
01/10	Botafogo 3X1 América/RJ	
04/10	Botafogo 1X0 Campo Grande	
15/11	Botafogo 5X0 Canto do Rio	
21/11	Botafogo 1X1 Bonsucesso	
29/11	Botafogo 1X0 Fluminense	
13/12	Botafogo 1X0 Flamengo	
16/12	Botafogo 1X0 Bahia	

TÍTULOS PELO BOTAFOGO DE FUTEBOL E REGATAS

1948 Campeão Carioca

1951 Campeão do Torneio Triangular de Porto Alegre (RS)

Campeão do Torneio Municipal do Rio de Janeiro

1952 Campeão do Torneio Quadrangular de Juiz de Fora (MG)

1954 Campeão do Torneio Quadrangular do Rio de Janeiro

Campeão Carioca

Campeão do Torneio João Teixeira de Carvalho (RJ)

Campeão do Torneio Internacional da Colômbia

Campeão do Torneio Início. Campeão Carioca

Bicampeão do Torneio Início.

Bicampeão Carioca

Campeão do Torneio Roberto Gomes Pedrosa (RJ/SP)

Campeão do 6º Torneio Pentagonal do México

Tricampeão do Torneio Início

Campeão do IV Torneio de Paris (França)

Campeão do Torneio Roberto Gomes Pedrosa (RJ/SP)

Campeão do Jubileu de Ouro da Associação de Futebol de La Paz (Bolívia)

Campeão do Torneio Quadrangular de Buenos Aires — Iberoamericano (Argentina)

Campeão do Torneio Governador Magalhães Pinto (BH)

Fez 729 partidas pelo Botafogo de Futebol e Regatas e 11 gols

TITULO PELA SELEÇÃO CARIOCA

1950 Campeão Brasileiro

TÍTULOS PELA SELEÇÃO BRASILEIRA

1949 Campeão do XXI Campeonato Sul-Americano — Copa América — Rio de Janeiro

1950 Campeão da Taça Oswaldo Cruz — São Paulo
Campeão da Copa Rio Branco — Rio de Janeiro

1952 Campeão do 1° Campeonato Pan-Americano. 1° título do Brasil no exterior — Chile

1955 Campeão da Taça Oswaldo Cruz – São Paulo
Campeão do Troféu Bernardo O'Higgins – São Paulo

1956 Bicampeão da Taça Oswaldo Cruz — Paraguai
Campeão da Taça do Atlântico — Argentina

1958 Campeão da VI Copa do Mundo — 1o Campeonato Mundial conquistado pelo Brasil — Suécia
Campeão da Taça Oswaldo Cruz — São Paulo

1959 Campeão do Troféu Bernard O'Higgins — São Paulo

1960 Campeão da Taça do Atlântico — Uruguai

1961 Campeão da Taça Oswaldo Cruz — Paraguai
Campeão do Troféu Bernard O'Higgins — Chile

1962 Campeão da VII Copa do Mundo — (Bicampeão) — Chile
Bicampeão da Taça Oswaldo Cruz — São Paulo

1998 Eleito o lateral esquerdo da Seleção Mundial do Século — Paris. Fez 82 partidas pela Seleção Brasileira e 3 gols

FOTOS

Nilton Santos aos 14 anos, Feguinho e Bininha, com o uniforme do Flexeiras Atlético Clube — 1939 (Acervo Nilton Santos).

Carlito Rocha entrando na social do Vasco da Gama com o cachorro Biriba no colo (Arquivo Botafogo de Futebol e Regatas).

Carlito Rocha com Nilton Santos, Biriba e alguns jogadores do time do Botafogo Campeão Carioca de 1948 (Arquivo Botafogo de Futebol e Regatas).

Time do Botafogo Campeão Carioca de 1948 (Arquivo Botafogo de Futebol e Regatas).

Comemoração da vitória de 1948. Nilton Santos acariciando o Biriba (Arquivo Botafogo de Futebol e Regatas).

Nilton Santos treinando em General Severiano (Acervo Nilton Santos).

Carteira N.º 3.466
Continuação
CBD
Presidente da Confederação Brasileira de Desportos
Nome: Nilton dos Santos
Nacionalidade: brasileira
Naturalidade: D. Federal
Data do nascimento: 16.5.1925
Profissão: futebolista
Filiação: Pedro Luiz dos Santos
Nome do Pai
Josélia Costa dos Santos
Nome da mãe
Estado civil: casado
Situação militar: Cert. Isenção
nº 4.082 - 3ª Z. M. B. G.
Carteira de Extrangeiro N.º
— 8 —

Carteira de atleta de Nilton Santos — Confederação Brasileira de Desportos.

Nilton Santos disputando uma bola com Zizinho, num jogo entre Botafogo e Bangu em 1950 (Acervo Nilton Santos).

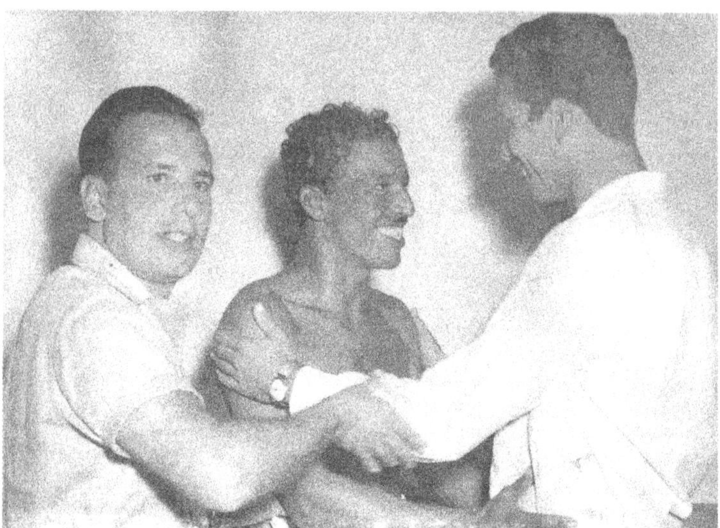

Nilton Santos, Sandro Moreyra cumprimentando Zizinho, após uma vitória do Bangu que classificava o Botafogo para a Taça Riva, em 1953. Foto do *Diário da Noite* (Acervo Sandro Moreyra).

Nilton Santos sendo condecorado pelo então Presidente da República Getúlio Vargas quando da conquista do primeiro título da Seleção Brasileira fora do País. Campeonato Pan-Americano no Chile — 1952 (Acervo Nilton Santos).

Time do Botafogo Campeão Carioca em 1957 (Arquivo Botafogo de Futebol e Regatas).

Time do Botafogo Campeão Carioca em 1961 (Arquivo Botafogo de Futebol e Regatas).

Time do Botafogo Bicampeão Carioca de 1962 (Arquivo Botafogo de Futebol e Regatas).

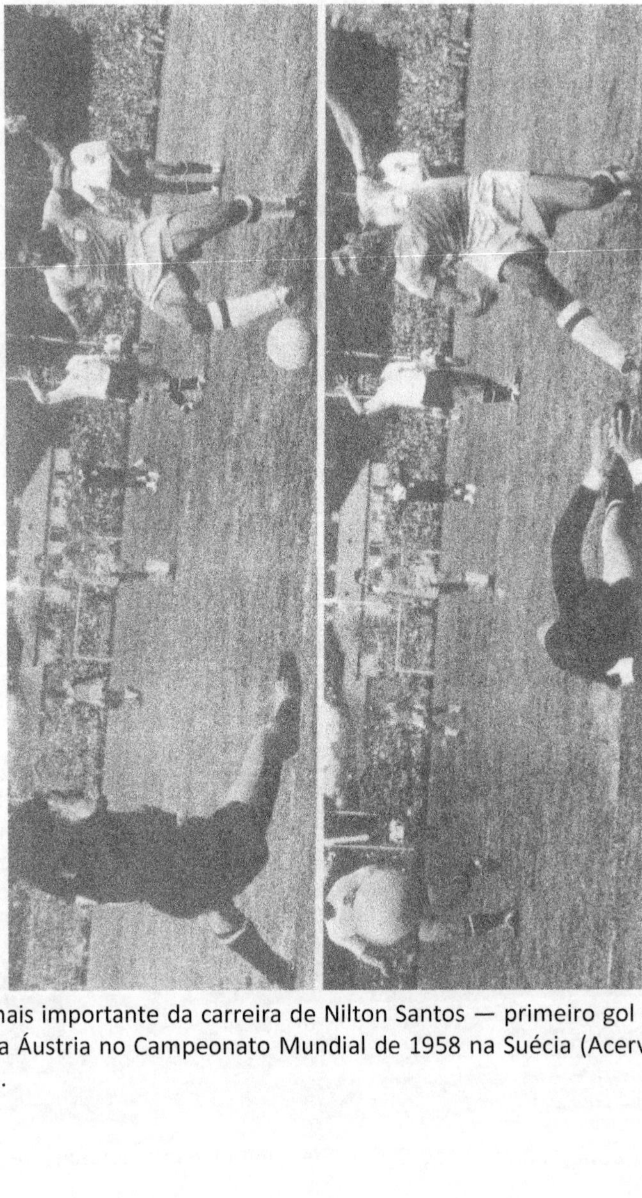

O gol mais importante da carreira de Nilton Santos — primeiro gol do Brasil contra a Áustria no Campeonato Mundial de 1958 na Suécia (Acervo Nilton Santos).

Nilton Santos com Garrincha na concentração, Gávea Pequena, em 1958 (Foto do *Jornal dos Sports* — Acervo Nilton Santos).

Nilton Santos, Garrincha, Didi e Zagalo — os Campeões do Mundo do Botafogo — 1958 (Arquivo do Botafogo de Futebol e Regatas).

Nilton Santos com Pelé e um amigo na concentração da Seleção Brasileira na Suécia — 1958 (Foto do *Jornal dos Sports* — Acervo Nilton Santos).

Nilton Santos já ficava junto das crianças em 1958 na concentração da Seleção Brasileira na Suécia (Acervo Nilton Santos).

Pelé abraçado a Nilton Santos quando da classificação do Brasil para as finais do Campeonato Mundial de 1958 na Suécia (Foto do *Jornal dos Sports* — Acervo Nilton Santos).

Os Campeões do Mundo de 1958 dando a volta olímpica — Suécia (Acervo Nilton Santos).

Nilton Santos disputando uma bola num jogo entre Botafogo e Flamengo (Foto Abril Press — Acervo Nilton Santos).

Delegação do Brasil — Campeões do Mundo em 1958 — Suécia (Acervo Nilton Santos).

Nilton Santos na concentração da Seleção Brasileira no Chile — 1962 Chile (Acervo Nilton Santos — *Revista da CBF).*

Time da Seleção Brasileira Bicampeã do Mundo em 1962 — Chile (Acervo Nilton Santos — *Revista da CBF)*.

Banho da Vitória — Nilton Santos e Garrincha relaxando na banheira após a vitória da Seleção Brasileira contra a Thecoslováquia no Chile, em 1962 (Foto do *Jornal dos Sports* — Acervo Nilton Santos).

Nilton Santos defendendo a Seleção Brasileira no jogo contra a Thecoslováquia no Bicampeonato Mundial no Chile, em 1962 (Acervo Nilton Santos).

Nilton Santos bailando no ar (Arquivo Botafogo de Futebol e Regatas).

Nilton Santos, Sandro Moreyra e Garrincha com o jornalista Mário Filho — conversavam sobre os lançamentos da revista O *Cruzeiro* e do livro de Mário Filho, *Copa do Mundo em 1962* — com os direitos autorais doados aos bicampeões que foram lançados no mesmo dia em 1962 (Foto do *Jornal dos Sports* – Acervo Sandro Moreyra).

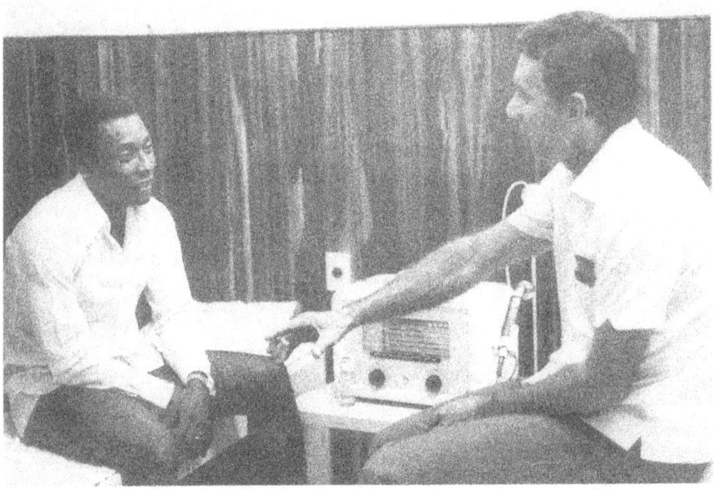

Nilton Santos recepcionando Pelé, que foi fazer tratamento no departamento médico do Botafogo de Futebol e Regatas, em General Severiano — 1970 (Arquivo Botafogo de Futebol e Regatas).

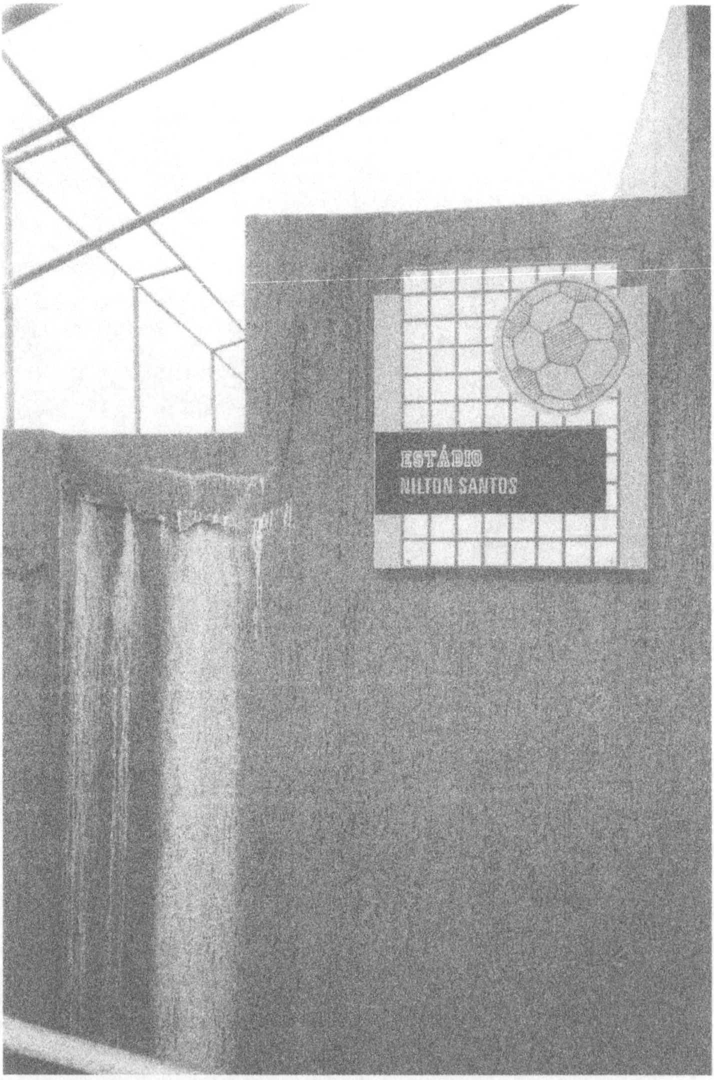

Placa do "Estádio Nilton Santos", na General Severiano — homenagem da Diretoria do Botafogo de Futebol e Regatas, 1995 (Acervo Nilton Santos).

Nilton Santos com as crianças da Escolinha de Futebol do DEFER — Estádio Mané Garrincha — Brasília — 1996 (Acervo Nilton Santos).

Nilton Santos dando aula na Escolinha de Futebol do DEFER — "Barrão" Brasília, 1997 (Acervo Nilton Santos).

O campo especialmente preparado para o funcionamento da "Escolinha de Futebol Nilton Santos" — homenagem do Governador do Tocantins — Siqueira Campos — Palmas, 1997 (Acervo Nilton Santos).

Nilton Santos treinando as crianças na "Escolinha de Futebol Nilton Santos" — homenagem do Governador do Tocantins — Siqueira Campos- Palmas, 1997 (Acervo Nilton Santos).

Placa comemorativa ao lançamento da Pedra Fundamental do "Estádio Nilton Santos" — homenagem do Governador do Tocantins — Siqueira Campos — Palmas, 1997 (Acervo Nilton Santos).

Festa da entrega do Troféu aos jogadores eleitos para a Seleção do século XX — Paris — França, 1998 — Carlos Alberto Torres, Nilton Santos, Alfredo Di Stefano e Pelé (Acervo Nilton Santos).

Nilton Santos, uma das feras de Gerchman com frase de Armando Nogueira (*Revista do Jornal dos Sports* — Acervo Nilton Santos).

Este livro foi composto na tipologia Calibri, em corpo 12/14,
e impresso pela Gráfica Edelbra, em papel offset 75 g/m²
e a capa em papel cartão supremo 250 g/m².